Si vis pacem,
para pacem

**Themenheft Latein 1/2024
Felix-Fechenbach-Gesamtschule
Leopoldshöhe**

Si vis pacem, para pacem

Themenheft Latein 1/2024
Felix-Fechenbach-Gesamtschule Leopoldshöhe

eingeleitet, bearbeitet und herausgegeben von
Katrin Valeska Kwapich und Finja Sophie Kaminski

1. Auflage 2024
Layout: Yannick Schutzmeier
Umschlaggestaltung: Finja Sophie Kaminski
Lektorat: Finja Sophie Kaminski, Yannick Schutzmeier
Fotos Umschlag (privat): Tagesexkursion nach Kalkriese, 01.09.2022,
Vortrag Dr. Fritz U. Krause, 11.05.2023
©2024, Katrin Valeska Kwapich, Finja Sophie Kaminski
Verlag: BoD · Books on Demand GmbH, In de Tarpen 42,
22848 Norderstedt
Druck: Libri Plureos GmbH, Friedensallee 273, 22763 Hamburg

ISBN: 978-3-7693-1607-0

FFG Leopoldshöhe 2024

Inhaltsübersicht

Vorbemerkung

> „Frieden erwartet Lebenstüchtigkeit.
> Die mit der Globalisierung sich ständig wandelnden und über
> die Gemeinschaft hinaus widersprüchlicher werdenden
> Konstellationen setzen eine anthropologisch reflektierte
> Bewältigungskompetenz voraus. Hier erweist sich als
> demokratischer Kern der gesellschaftliche Anspruch auf
> Gemeinwohl. Dieses Gemeinwohl beruht auf gelingender
> Arbeitsteiligkeit.
> Wir erwarten ein Gelingen, wenn die allgemeine öffentliche
> Bildungsforderung jedem Individuum die Möglichkeit lässt,
> sich je nach seinen Möglichkeiten darzustellen und sich in
> Anerkennung zu behaupten. Gelingende Arbeitsteiligkeit ist
> gesellschaftliche Grundbedingung des Friedens.“

Fritz Udo Krause (Vortrag zum 8. Mai 2023)

Si vis pacem…

Das vorliegende Themenheft präsentiert die Ergebnisse des
Jahrgangsprojekts *„Si vis pacem, para pacem"* des Grundkurses Latein
der Jahrgangsstufe 12 (Q1) der Felix-Fechenbach-Gesamtschule
Leopoldshöhe aus dem Schuljahr 2022/2023.

Ausgangspunkt unserer Überlegungen zur Gestaltung eines
Jahrgangsprojektes mit dem Thema „Frieden" und der Integration
aller im Jahrgang erarbeiteten lateinischen Originaltexte unter dem
Motto *„Si vis pacem, para pacem"* („Wenn du Frieden willst, dann
musst du Frieden schaffen.") ist einerseits die Wahrnehmung einer
grundlegend veränderten weltpolitischen Situation seit dem
russischen Angriffskrieg gegen die Ukraine im Februar 2022,
andererseits die Frage nach dem Selbstverständnis von Krieg und
Frieden in der römischen Lebenswelt.

Frieden steht in diesem Heft an erster Stelle.

Das erscheint vielleicht auf den ersten Blick für die römische Antike etwas ungewöhnlich, wenn man dem bis heute oft zitierten Sprichwort *„Si vis pacem, para bellum"* („Wenn du Frieden willst, bereite den Krieg vor.") als Lebensweisheit der Römer Glauben schenken möchte.

Anhand ausgewählter historischer, staatstheoretischer und philosophischer lateinischer Originaltexte vom 1. Jh. v. Chr. bis zum Humanismus lässt sich mit den folgenden Beiträgen eine differenziertere Auffassung von einem als notwendiges Übel anerkannten *bellum iustum* (dem „gerechten Krieg" oder „zu rechtfertigenden Krieg") und den faktischen Auswirkungen römischer Expansionspolitik darlegen. Die Hauptautoren des Jahresprojektes, Marcus Tullius Cicero und Caius Julius Caesar, stehen darüber hinaus repräsentativ für den Gegensatz zwischen der demokratischen Verfassung Roms und der „smarten" Autokratie eines Alleinherrschers. Hier verbindet sich der fachlich geforderte „Dialog mit der Antike" mit dem Schulprogramm der Felix-Fechenbach-Gesamtschule, deren Spruchband über dem Eingang ein Engagement für „Frieden, Freiheit und Gerechtigkeit" fordert.

Das Jahresprojekt begann im September 2022 mit einem Unterrichtsgang nach Kalkriese zu dem vermeintlichen Ort der sogenannten Varusschlacht und endete im Mai 2023 in unserer Schule mit einem Zeitzeugen-Vortrag anlässlich des 78. Gedenktages des Kriegsendes in Europa.

Dass Krieg heute wieder Realität, nicht nur ein historisches Phänomen ist, hat die Schülerinnen und Schüler sehr bewegt und Diskussionen angestoßen, aber in gleichem Maße die Vorstellung, dass sich Frieden seit der Antike als ersehnter und zu bewahrender Normalzustand erwiesen hat. Die in diesem Heft zusammengestellten Unterrichtsbeiträge, die in Übersetzungsleistungen, Kommentierungen von gemeinsam erarbeiteten Quellentexten, in Wortschatz- und Begriffsinventar oder fachbezogenen Referaten, Portfolios und Präsentationen bestehen, repräsentieren leider aus praktischen Gründen nur einen Querschnitt des gesamten Jahrgangsprojektes, an dem sich alle 25 Schülerinnen und Schüler des Grundkurses Latein beteiligt haben.

1   *Si vis pacem...*

„Der Friedenszustand unter Menschen, die nebeneinander
leben, ist kein Naturzustand (status naturalis), der vielmehr
ein Zustand des Krieges ist, d. i. wenngleich nicht immer ein
Ausbruch der Feindseligkeiten, doch immerwährende
Bedrohung mit denselben. Er muss also *gestiftet* werden; denn
die Unterlassung der letzteren ist noch nicht Sicherheit dafür,
und ohne, dass sie einem Nachbar von dem anderen geleistet
wird (welches aber nur in einem *gesetzlichen* Zustande
geschehen kann), kann jener diesen, welchen er dazu
aufgefordert hat, als einen Feind behandeln.“[1]

Am 14.07.2006 fand an der Universität Hamburg ein inter-
disziplinäres Symposium der Fakultät für Rechtswissenschaften zur
Idee des internationalen Friedens in Anlehnung an Immanuel Kants
Schrift „Zum ewigen Frieden“ unter dem Titel[2]„*Si vis pacem, para
pacem*? – Friede durch internationale Organisation als Option für
das 21. Jahrhundert“statt.
Das Symposium aus Philosophie, Theologie, Rechtswissenschaften,
Sozialwissenschaften und weiteren Disziplinen setzte sich zum Ziel,
von Kants pazifistischer Grundidee ausgehend die Chancen inter-
nationaler Kooperation als realistische Alternative zu staatlicher
Selbstbehauptung im Verteidigungsfall und der Einrichtung einer
„globalen Zwangsgewalt“ als *ultima ratio* zu untersuchen.

Immanuel Kant – dessen 200. Geburtstag in diesem Jahr begangen
wird - fordert in seinem 1795 erschienenen Traktat „Zum ewigen
Frieden“ die Aufhebung der aus der griechisch-römischen Antike
und dem Mittelalter überlieferten, gewollt paradoxen Leitlinie
„*Si vis pacem, para bellum.*“ zugunsten der Idee eines
weltumspannenden Friedens im Sinne einer *pax perpetua*, eines
dauerhaften Rechtsfriedens. Angewandt auf die Gegenwart

---

[1] Immanuel Kant: Zum ewigen Frieden. Ein philosophischer Entwurf, Texte zur Rezeption 1796-1800,
Reclam Verlag Stuttgart 1984, S. 13
[2] Si vis pacem, para pacem? – Friede durch internationale Organisation als Option für das 21.
Jahrhundert, hrsg. v. M. Köhler, D. Hössle, Rechtsphilosophische Hefte XIII, Peter Lang Verlag,
Frankfurt a. Main 2007

bedeutet es, den durch Rüstungswettlauf und Eskalation der Gewalt im Atomzeitalter („Gleichgewichts des Schreckens") kaum noch aufrechterhaltenen Weltfrieden in einen nach Rechtsprinzipien sich entfaltenden internationalen und dauerhaften Friedenszustand zu verwandeln.

Frieden – Freiheit – Gerechtigkeit

Unter diesem Motto, das den Haupteingang der Felix-Fechenbach-Gesamtschule Leopoldshöhe weithin sichtbar überspannt, wollen auch die nachfolgend präsentierten Arbeitsergebnisse des Jahresprojekts der Schülerinnen und Schüler des Lateinkurses 12 (Latinum 2023) als ein kleiner Beitrag zur aktuellen Friedensdiskussion verstanden werden.

1.1 *Si vis pacem, para bellum* - ein typisch römisches Paradox?

> „Es geht hier nicht um Dialog, Toleranz, Schuld oder
> Vergebung. Sondern um Krieg, Verhandlung, Diplomatie,
> Friedensaufbau."
> Bruno Latour, Berlin 2003

Typisch römisch, möchte man denken:
Wer **Frieden** will, muss **Krieg** vorbereiten.
Ein klassisches Paradox, das bis heute an Aktualität nicht verloren hat. Der oft zitierte Spruch findet sich ebenso bei Autoren des humanistischen Bildungskanons (Platon, Cicero, Nepos, Augustinus) wie bei dem spätantiken Militärschriftsteller Vergetius[3]:

> *Qui desiderat pacem, bellum praeparat.*
> Wer Frieden wünscht, bereitet Krieg vor.

Von Vergetius über den mittelalterlichen Ritterspiegel bis zum waffentechnischen Warenzeichen des *„Parabellum"* oder dem US-amerikanischen Actionfilm „John Wick" (2019) ist der Weg zu uns

---

[3] Publius Flavius Vergetius Renonatus, spätantiker Militärschriftsteller (4. Jh. n. Chr.), Kriegstheoretiker

bedrückend kurz: seit dem Ende des Zweiten Weltkriegs gibt es weltweit ununterbrochen Krisen, Konflikte, Kriege: mittlerweile über 140!

Das lateinische Sprichwort hat sich – so scheint es auf den ersten Blick – tatsächlich erfüllt. Auch wir sollen heute wieder, wenn man dem aktuellen (bildungs-)politischem Appell[4] folgt, kriegstauglich[5] gemacht werden und einen „unverkrampften Umgang mit der Bundeswehr" (Stark-Watzinger) pflegen.

Si vis pacem, para bellum...?

Ausgehend vom Dialog mit der Antike und der Aktualität der Thematik stellten sich im Zusammenhang mit unserem Jahresprojekt viele Fragen:
Waren die Römer, mit deren Werken wir uns im Lateinunterricht auseinandersetzen, tatsächlich bereit, Krieg als *conditio sine qua non* oder als Naturzustand der römischen Gesellschaft anzusehen?
Und sind wir das heute auch?
Gerät nicht gerade das Fach Latein mit seinen häufig als antiquiert bespöttelten Klassikern in Gefahr, durch besonders einprägsame Beispiele wie den seit dem Mittelalter als Schullektüre gelesenen *Commentarii de bello Gallico* Caius Julius Caesars wirkungsvoll einem „smarten Autokraten" zu huldigen und so die Vorstellung eines wie immer gearteten Krieges als eines *bellum iustum* zu rechtfertigen?

---

[4] Die Bundesbildungsministerin B. Stark-Watzinger (FDP) sieht die Schulen in der Verantwortung, junge Menschen auf den Kriegsfall vorzubereiten (SZ, 16.03.2024): „Die Gesellschaft in Deutschland müsse sich für Krisen präparieren, von einer Pandemie über Naturkatastrophen bis zum Krieg". Ziel müsse es sein, „unsere Widerstandsfähigkeit zu stärken". Die Ministerin sprach sich auch für „Zivilschutzübungen an Schulen" aus.
5 Auch Verteidigungsminister B. Pistorius (SPD) forderte in einem viel zitierten ZDF-Interview (Berlin Direkt) vom 29.10.2023, Deutschland müsse wieder „kriegstüchtig werden":
„Wir brauchen einen Mentalitätswechsel. [...] Wir brauchen ihn aber auch in der gesamten Gesellschaft, und wir brauchen ihn auch in der Politik." [...] „Aber, ganz wichtig, auch der Mentalitätswechsel in der Gesellschaft ist richtig. Wir müssen uns wieder an den Gedanken gewöhnen, dass die Gefahr eines Krieges in Europa drohen könnte, und das heißt, wir müssen kriegstüchtig werden, wir müssen wehrhaft sein und die Bundeswehr und die Gesellschaft dafür aufstellen."
https://www.google.de/url?sa=t&source=web&rct=j&opi=89978449&url=https://www.zdf.de/politik/berlin-direkt/pistorius-wir-muessen-kriegstuechtig-werden-berlin-direkt, Zugriff 19.05.2024

Müssten Lehrer*innen die zu lesenden Autoren und Werke nicht
äußerst kritisch revidieren oder sollten Klassiker nur noch ober-
flächlich als „light"-Variante, als Comic und mit multimedialer
Animation angeboten werden? Wie wollen wir mit den immer
deutlicher formulierten Forderungen der Bildungspolitik nach
krisen- und kriegsvorbereitendem Training, Widerstandfähigkeit
und Kriegsbereitschaft in Schule umgehen? Sind wir tatsächlich
bereit, in einen Krieg zu ziehen?

1.2 *Si vis pacem, evita bellum* –
**Tagesexkursion nach Kalkriese als Ausgangspunkt
des Kursprojekts**

Ad bellum gestis?
*Primum inspice, cuiusmodi res sit pax, cuiusmodi bellum, quid illa
bonorum, quid hoc malorum secum advehat, atque ita rationem
ineas, num expediat pacem bello permutare.*

Du drängst zum Krieg?
Zuerst betrachte, von welcher Art der Frieden ist, von welcher
Art der Krieg, was jener an Gutem, was jener an Bösem mit
sich bringt, und dann mache die Rechnung auf, ob es sich
lohnt, den Frieden gegen den Krieg zu tauschen.

Erasmus von Rotterdam, *Querela pacis*, 1517, dt. Übersetzung
Kai Brodersen, Wiesbaden 2018

Die Tagesexkursion des Lateinkurses am 1. September 2022 zu
Museum und Park Kalkriese bringt unser Jahresprojekt erst ins
richtig ins Rollen.

Bei freundlichem Spätsommerwetter kommen wir nicht nur in den
Genuss einer sehr kompetenten und motivierend gestalteten
Führung durch Museum und Park des Ortes Kalkriese/Bramsche,
um archäologische, militärhistorische und kulturelle Bezüge zur
sogenannten Varusschlacht mit gegenwärtiger Friedenarbeit zu
verknüpfen, sondern dürfen auch kurz einen Blick in die aktuelle
Sonderausstellung zu „Pompeji" werfen.
Zwei Katastrophen der Antike - ein Glücksfall für die Nachwelt.

Die historischen Quellen zur sogenannten „Schlacht im
Teutoburger Wald" (vgl. z. B. Tacitus/Mommsen), zur
„Hermannsschlacht" (Kleist) bzw. zur „Varusschlacht" sind
vielfältig, jedoch nur eingeschränkt belegt und lassen bis heute
den Standort des Geschehens nicht mit Sicherheit ermitteln.
So garantieren weder die mittlerweile beachtlichen (über 3000)
Münzfunde mit dem Gegenstempel des römischen Statthalters
Publius Q. Varus noch die legendäre Silbermaske in Kalkriese
mehr, als dass an diesem Ort eine kriegerische Auseinandersetzung
zwischen Römern und Germanen im historischen Zeitraum Spät-
sommer bis Frühherbst des Jahres 9 n. Chr. stattgefunden hat.
Von den in den Quellen erwähnten drei Legionen, die im September des Jahres 9 n. Chr. mit Tross, Reiterei und Auxiliartruppen
(ca. 20.000 Menschen) unter der Führung des neu ernannten Statthalters in Germanien, Publius Quinctilius Varus, von der Elbe ins
Winterquartier nach Xanten unterwegs gewesen sind, gibt es bisher
nur wenige verlässliche Spuren. Die Knochenfunde in Kalkriese
lassen sich einer viel geringeren Anzahl von Menschen unbekannter
Herkunft zuordnen. Dennoch sprechen einige Indizien dafür, dass
an diesem Ort Römer und Germanen gegeneinander gekämpft
haben.

Die von den antiken Schriftstellern gern zitierten Topoi des für
Germanien typischen schlechten Wetters, der sumpfigen und unwegsamen Gegend, welche einen klaren Vorteil der aus dem Hin-
terhalt angreifenden Germanen boten, kann sich die Gruppe gut
vorstellen. Die Quellen berichten, dass die römischen Legionen, die
sich durch Tross und Gepäck im unwegsamen Gelände behindert
sahen, erst nach und nach die Angriffe der Germanen realisierten,
ohne die gewohnte Schlachtordnung aufstellen oder Hilfe her-
beiholen zu können. Denn einerseits galt die künftige Provinz
Germania so gut wie als befriedet, andererseits hatte Varus die
Warnungen vor einem germanischen Aufstand augenscheinlich
nicht ernst genommen, da der Cheruskerfürst Arminius und sein
Bruder Flavus, als ehemalige Geiseln in Rom aufgewachsen,
römische Offiziere und *amici populi Romani* waren. So wurden sie
von Varus nicht als potenzielle Rebellen eingestuft. Im Museum

wird uns der mögliche Schlachtverlauf an einem Modell veranschaulicht.

Kalkriese gibt der Gruppe einen Impuls, sich über den historischen Ausgangspunkt der Varusschlacht hinaus mit dem Thema Frieden und Krieg zu beschäftigen. Viele Fragen bleiben den Schülerinnen und Schülern dennoch offen: nach den germanischen Opfern, nach der Beteiligung der Bevölkerung an dem Schlachtgeschehen, nach weiteren Ausgrabungen und den dafür genutzten technischen Möglichkeiten.
Aber sie fragen auch gezielt nach dem heutigen Umgang mit dem von den Nationalsozialisten okkupierten, völlig unhistorischen Tacitus-Bild vom „germanischen Freiheitskämpfer" in der Gestalt des Cheruskerfürsten Arminius (dem sogenannten „Hermann"), der seit dem 19. Jahrhundert zum lippischen Wahrzeichen geworden ist. Sie fragen weiter nach dem Umgang mit antikem, historischem und gegenwärtigem Imperialismus.

Nie wieder Krieg? -

Zwei Wochen.
Zwei Wochen Pause habe zwischen dem Ende des Zweiten Weltkriegs und dem Beginn des nächsten Krieges gelegen, erfahren wir am Schluss unseres Rundgangs.Über in den Boden eingelassene Erinnerungssteine kehrt die Gruppe nachdenklich zur Schule zurück.

> *Si vis pacem, evita bellum!*
> Wenn du Frieden willst, vermeide den Krieg!

Die Römer haben sich nach der Varusschlacht und einer darauf folgenden Gegenoffensive der vereinten germanischen Stämme, die alle römischen Kastelle, Städte und Bergwerke innerhalb des „freien" Germaniens okkupiert oder zerstört hat sowie nach mehreren erfolglosen Rachefeldzügen unter Augustus' designiertem Nachfolger Germanicus aus dem Inneren Germaniens an die Rheingrenze zurückgezogen. Erst rund hundert Jahre später gab es unter Kaiser Domitian eine neue Einteilung Germaniens in

Germania inferior und Germania superior, jedoch nur wenig
Kämpfe auf germanischem Boden.
Hat die für die Römer unvergessene *clades magna* des Jahres 9 n.
Chr. den permanenten Expansionsbestrebungen der Römer ein
Ende gemacht? Für Germanien scheint das zumindest teilweise
zuzutreffen, aber der Krieg setzte sich in anderen Regionen des
Imperium Romanum ungehindert fort. Krieg galt trotz der mit
Augustus einsetzenden *Pax Romana*[6] als Dauerzustand des
römischen Reichs.

1.3 *Si vis pacem, para pacem* – zivile Ordnungsformen, militärische Bündnisse

If you wish for peace, prepare for peace.
John Noble, 1862

Die Umkehrung des bekannten Paradox in „*Si vis pacem, para
pacem*" findet sich – wie bereits dem Gedanken nach in Immanuel
Kants „Traktat vom ewigen Frieden" (1795) – wörtlich bei dem
englischen Schriftsteller und Politiker John Noble[7]:

„Friede sowohl in inner- als auch in zwischenstaatlicher
Hinsicht sollte verstanden werden als ein gewaltfreier und auf
die Verhütung von Gewaltanwendung gerichteter politischer
Prozess, in dem durch Verständigung und Kompromisse
solche Bedingungen des Zusammenlebens von
gesellschaftlichen Gruppen bzw. von Staaten und Völkern
geschaffen werden, die nicht ihre Existenz gefährden und
nicht das Gerechtigkeitsempfinden oder die Lebensinteressen
einzelner oder mehrerer von ihnen so schwerwiegend
verletzen, dass sie nach Erschöpfung aller friedlichen
Abhilfeverfahren Gewalt anwenden zu müssen glauben.
Um Frieden zu erreichen, sind deshalb anhaltende
Bemühungen um Rechtstaatlichkeit, Erwartungs-

---

[6] *Pax Romana* oder *Pax Augusta* bezeichnet eine mit der Regierung des Kaisers Augustus (ab 27 v.
Chr.) einsetzende, ca. 200-250 Jahre andauernde Periode innerer Stabilität des Imperium Romanum,
die allerdings nicht kriegerische Handlungen gegen äußere Feinde einschließt (vgl. 1.3.1).
[7] John Noble: Arbitration and a congress of nations as a substitute for war in the settlement of
international disputes, London 1862

verlässlichkeit, ökonomischen Ausgleich und Empathie
erforderlich."[8]

Es stellt sich für den Kurs die Frage, ob, in welchem Umfang und in
welcher Form sich Frieden – nicht nur Waffenstillstand – auch für
die römische Gesellschaft der Republik und der frühen Kaiserzeit
erreichen ließ. Die nachfolgenden Beiträge beschäftigen sich daher
zunächst mit dem Wort- und Sachfeld *„pax"*, mit völkerrechtlichen
und zivilrechtlichen Formen friedlichen Zusammenlebens der
civitas Romana sowie mit friedlichen Formen der Ko-Existenz
zwischen Römern und anderen Völkern im Imperium Romanum.

1.3.1 Etymologie und Wortfeld *„pax"*[9]
(Charlotte Gäbel/Merle-Sofie Hoff)

Der lateinische Begriff *„pax"*[10] (seit dem 3. Jh. v. Chr. als Nomen so
gebräuchlich) bedeutet: „Übereinkommen, Vertrag, Pakt" und leitet
sich von *pangere* oder *pacisci* (festmachen, zusammenfügen, festsetzen) ab. *Pax* bezieht sich ebenso auf private wie auf staatliche
Übereinkommen zwischen zwei sich streitenden Parteien, wobei
der private Friede durch Beilegung eines Streits zu *concordia*
(Harmonie, Eintracht) von gleichrangig Streitenden führt, während
die staatlich verordnete *pax* öffentlich gestiftet werden muss.
„Hier wird ein Abkommen geschlossen zwischen dem Verlierer,
der *pax* erbitten muss (*pacem petere*), und dem Sieger, der eventuell
pax gewährt (*pacem dare*) und die Bedingungen diktiert. Aus diesem
Abkommen resultiert dann zwar ein Zustand, der aber im Falle des
Vertragsbruchs jederzeit wieder aufgekündigt werden kann."[11]
Die *Pax Augusta* oder *Pax Romana* bezeichnet den Zeitraum von

---

[8] Dieter Senghaas (Hg.): Den Frieden denken. Si vis pacem, para pacem. Frankfurt/M. 1995

[9] Die nachfolgenden Beiträge sind unter Mitwirkung der Schülerinnen und Schüler (Namen in
Klammern) entstanden, gemäßigt überarbeitet und ggf. ergänzt worden.

[10] Etymologisches Wörterbuch der lateinischen Sprache von Alois Vanicek, Leipzig 1881, Walde-
Hofmann: Lateinisches etymologisches Wörterbuch, 6. Aufl., Heidelberg 2008, auch als aktualisierte
digitale Version verwendet

[11] Gabriele Thome: Römische Wertvorstellungen, Begriff „pax", vgl.
https://www.google.de/url?sa=t&source=web&rct=j&opi=89978449&url=http://userpage.fu-
berlin.de/~klassphi/forsch/L_PAX.htm&ved=2ahUKEwiNxqLWsaOFAxVVgf0HHctiBv8QFnoECB
QQAQ&usg=AOvVaw3rEDsCuOOaFcVOlPNuE340

27 v. Chr. – 180 n. Chr., in dem das römische Reich innerlich stabiler war als je zuvor. *Pax* bedeutet jedoch nicht, dass von den Römern in dieser Zeit keine Kriege geführt worden sind, sondern bezieht sich ausschließlich auf nicht vorhandene Bürgerkriege oder Revolten innerhalb der Reichsgrenzen.

<u>Wortfeld „*pax*":</u>
pax, pacis f
(seit Naevius, 3. Jh. v. Chr., so gebräuchlich)
- Herstellung eines vertragsmäßigen Zustands zwischen Kriegsführenden
- Friede
- Versöhnung
- Wohlwollen, Erlaubnis

Pax Pacis f
- allegorische Friedensgöttin
  vgl. Erasmus v. Rotterdam, *Querela Pacis* (1517)

pacisco/ paciscor, pactus sum
(*pax* = Nominalisierung)
- ein Übereinkommen, einen Vertrag, einen Vergleich festmachen (abschließen)

pangere, -o, panxi/pepigi, pactus
- festmachen
- einschlagen (einen Pflock, Stock)
- einsenken
- pflanzen
- übertragen: festsetzen, beschließen

pactum i n
(seit dem XII-Tafel-Gesetz, 5. Jh. v. Chr., verwendet)
- „Zusammengedrängtes" vgl. *com-pactus* – fest
- Vereinbarung
- Vertrag, Steuer
- Pacht (dt. Lehnwort)

pactio onis f
- Verabredung
- Vertrag

pacare -> pax

(seit Cicero, 1. Jh. v. Chr.)
- befriedigen
- bezahlen

(bei Caesar, *Bellum Gallicum*)
- befrieden (mit Gewalt unterwerfen)

pacere
- zusammenfügen
- Frieden schließen

pacalis, e
(seit Ovid, 1. Jh. v. Chr.)
- friedlich

pacidus, a, um
- ruhig

pacificus, a, um/ i m
(Kirchenlatein)
- Friedens stiftend (Kompositum aus *pax* und *facere*)
- versöhnend
- Friedensstifter (Nominalisierung)

Ableitungen in modernen Fremdsprachen, z. B.:
pace - Italienisch
paix - Französisch
paz - Spanisch/Portugiesisch
peace - Englisch

1.3.2 Mika Nieminen:
Römisches Recht und zivile Institutionen
als Friedensgarant der Republik

„Politische Programme gab es nicht in Rom. Für das, was in
Staat und Familie richtig und wichtig war, hatten die
Vorfahren gesorgt. (...) Allerdings gab es im politischen Raum
Forderungen, deren Durchsetzung bei allen unstrittig war. Sie
betrafen die Grundbedingungen der inneren Ordnung, nämlich die Verneinung der Tyrannis und die äußere Sicherheit,
also die Abwehr des äußeren Feindes."[12]

Für das römische Volk, den *populus Romanus*, der Patrizier (Adlige
etruskisch-römischer Herkunft) und Plebejer (römische freie
Bürger) umfasste, war schon seit der Gründung der Stadt Rom um
753 v. Chr. und der beginnenden Königzeit eine grundlegende
staatliche Ordnung und ein rechtlicher Rahmen verbindlich.
So gab es neben dem König (oder den Königen) einen Senat, dem
ursprünglich nur Patrizier angehören durften und Magistrate
(Ämter), die gleichfalls meistens von Patriziern besetzt waren. Von
der Gründung der *libera res publica* an um 509 v. Chr. entwickelte
sich unter griechischem Einfluss das Zwölftafelgesetz, das zunächst
überwiegend Privatrecht umfasste: Schuld- und Sachenrecht, Fa-
milien- und Erbrecht, Delikts- und Sakralrecht, ebenso aber auch
straf- und prozessrechtliche Themen.
Die reichen Plebejer forderten im Zuge der Ständekämpfe (5.-3. Jh.
v. Chr.) mehr Rechte für sich, z. B. ein eigenes Ackergesetz und
bisher dem Adel vorbehaltene Privilegien wie beispielsweise die
Senatsmitgliedschaft sowie insgesamt eine deutlich verbesserte
soziale Stellung. Es bildete sich infolgedessen im 2. Jh. v. Chr. eine
neue Oberschicht aus reichen Plebejern und alten Patriziern, ebenso
eine gemischte Verfassung aus monarchischen, aristokratischen und
demokratischen Elementen. Die politisch relevanten Ämter des
cursus honorum (Quästor, Ädil, Prätor, Konsul) wurden nach
Prinzipien der *Annuität* (nur ein Jahr lang durfte ein Amt jeweils
ausgeübt werden), der *Biennität* (ein Zeitraum von zwei Jahren
musste zwischen den jeweiligen Ämtern liegen) und der *Kollegialität*

---

[12] Jochen Bleicken: Die Verfassung der Römischen Republik, 7. Aufl., Paderborn 1995, S. 193

(immer mindestens zwei Amtsinhaber wurden gewählt, die sich gegenseitig kontrollieren sollten) eingerichtet. Weitere Einschränkungen der Machtbefugnisse der jeweiligen Amtsinhaber sollten eine neue Autokratie (Monarchie/Tyrannis) verhindern, dazu zählte vor allen Dingen das Amt des Volkstribuns, dessen Veto Senatsbeschlüsse verhindern konnte. Dieses Amt lag in den Händen der Plebejer. So entwickelten sich allmählich demokratische Elemente, die nach und nach die Adelsprivilegien zurückdrängten, ohne diese je ganz aufzuheben.

1.3.2.1 *Concordia domi – foris pax*[13]

Der mehrdeutige Begriff *pax* verbindet sich in der römischen Republik und der frühen Kaiserzeit mit einer Vorstellung von sozialem Frieden im Reichsinnern - *domi* -, während *foris* (also nach außen) durchaus als „Befriedung mit Gewalt" („*pacare*") einen Zustand von „Frieden" erzeugen konnte, den Tacitus[14] in seiner Schrift „Agricola" einer Wüste gleichsetzt:

> „*ubi solitudinem faciunt, pacem appellant.*"
> „Wo sie eine Wüste schaffen, nennen sie es Frieden."

Jochen Bleicken führt verschiedene Faktoren an, die den dauerhaften Bestand der römischen Republik innen wie außen begründen. Dazu zählt er zum einen die Geschlossenheit der *Nobilität* als Gruppe von vermögenden oder mächtigen Adelsfamilien mit ihrem Wertekatalog und ihren Verbindungen, die alle entscheidenden Ämter besetzte und somit über Legislative, Exekutive und Judikative ebenso verfügte wie über militärisch relevante Positionen. Zum anderen wird die defensive Strategie der Römer hervorgehoben, die Bleicken allerdings entlarvt:

> „Es wurde schon darauf hingewiesen, dass das Bild von dem Römer, der nur als der Angegriffene reagiert, nicht stimmt, sondern die Außenpolitik von Eroberungsdrang und Verteidigung der erreichten Position in gleicher Weise geleitet wurde. […] Wenn die Römer von der Befriedung (*pacare*) ihrer Gegner sprachen, war das ein anderes Wort für brutale

---

[13] Wahrzeichen der Hansestadt Lübeck
[14] P. C. Tacitus, Agricola, 30, 5, München 1991

Unterwerfung, Beseitigung der Handlungsfreiheit,
Verschleppung und physische Auslöschung der besiegten
Feinde."[15]

Die römische Strategie des klugen Abwartens resultiert – laut
Bleicken – mehr aus militärischer Unerfahrenheit der Führungsschicht als aus planvollem Handeln. Das ändert sich im
1. Jh. v. Chr. radikal mit militärisch geschulten Feldherren wie
Pompeius und Caesar. Die bewährte defensive Taktik, die bekannte
clementia (Milde) gegenüber den besiegten Gegnern, die Bewahrung
statt Vernichtung der okkupierten Gebiete und die allmähliche
Akkulturation der Bevölkerung (vgl. Caesar, b. G. 1, 1) ließen den
Drang nach Freiheit und Selbstbestimmung der eroberten Städte
und Länder geringer werden: „Die Römer beließen den Besiegten
oft selbst dann wenigstens ihre innere Selbständigkeit, wenn sie sie
in den eigenen Personenverband eingliederten."[16]

Das besitzstandswahrende Konzept der römischen Frühzeit und
der frühen Republik beruhte zum Teil auf abwartender, zum Teil
auf planender Strategie. Die Römer konnten den von ihnen nach
und nach eroberten Mittelmeerraum ihrem zur Weltherrschaft
strebenden Imperium einverleiben und gleichzeitig ihre
grundsätzliche Bereitschaft zu fairer und friedlicher Ko-Existenz
behaupten.

1.3.2.2 *ius - ius Fetiale - bellum iustum*

> „Der Römer konnte sich in historisch überprüfbarer Zeit
> keinen rechtlosen oder gesetzlosen Zustand vorstellen..."[17]

Das römische Recht - *ius* - ist das, was in einem Streit zwischen
Parteien rechtens ist. Es lässt sich formal in drei Bereiche teilen:

- *ius divinum* – das göttliche Recht (Mensch-Götter-Beziehung),
- *ius civile proprium Romanorum* – der Rechtsstand des römischen
  Bürgers nach dem Juristenrecht,

[15] Jochen Bleicken: Die Verfassung der Römischen Republik, Paderborn 1995, S. 281
[16] ebenda, S. 283
[17] Ingemar König: Der römische Staat I. Die Republik, Stuttgart 1992, S. 151

- *ius gentium* – das Völkerrecht, welches auf das Naturrecht (*ius naturale*) zurückgeht.

Ursprünglich war das Priesterkollegium der *Fetialen*[18] in der Frühzeit und der römischen Republik für den gesamten völkerrechtlichen Verkehr, d. h. das Abschließen von Bündnissen (*amicitia, societas*), Verträgen (*foedera*) und Kriegserklärungen eines *bellum iustum*, eines nach menschlichem und göttlichen Recht „gerechtfertigten" Krieges, zuständig: „Gerecht konnte nach Ansicht der Römer aber nur ein Krieg sein, der korrekt nach den Vorschriften des *ius fetiale* eingeleitet wurde. [...] nur ein formal richtig erklärter Krieg konnte unter dem Schutz der Götter geführt werden."[19] Der Krieg musste nicht nur nach menschlichen Maßstäben *iustum*, sondern auch nach göttlichen *pium* (fromm, treu im Verhältnis zu den Göttern) sein.

Der korrekte Ablauf einer Kriegserklärung war in dieser Zeit wie folgt:
(1) Der *pater patratus* (ein aus dem Kreis der Priester ausgewählter Gesandter) wurde zum gegnerischen Gemeinwesen gesandt, um vor den Göttern als Zeugen das Unrecht klar festzustellen und Wiedergutmachung zu verlangen.
(2) Nach Ablauf einer Frist von 30 Tagen wurde bei Nicht-Erfüllung der Forderungen durch *testatio* bzw. *denuntiatio* der Krieg unter Berufung auf das ungerechte Handeln des Gegners erklärt.
(3) Nach Rückkehr des *pater patratus* nach Rom kam es zum *votum* (Gelöbnis, Versprechen) des vom Volk autorisierten Senats.
(4) Nach einer positiven Entscheidung folgte die *indictio belli*, die eigentliche Kriegserklärung. Der *pater patratus* warf einen blutgetränkten Speer unter Berufung auf das gegnerische Unrecht über die Grenze des feindlichen Landes oder Gemeinwesens.
Es bedurfte demnach eines klar definierten Kriegsgrundes durch eine vor den Göttern beschworene Rechtsverletzung.

---

[18] vgl. Sigrid Albert: Bellum iustum, Kallmünz 1980, S. 12ff. „Es scheint, dass sich die gesamte Tätigkeit der *fetiales* lediglich auf Vertragspartner Roms bezog und der Kern des *ius fetiale* darin bestand, vertragliche Bindungen Roms gegenüber den Schwurgöttern zu bewahren bzw. zu pflegen und förmlich zu lösen. Die *fetiales* sollten ungerechte Kriege gegen römische Bundesgenossen verhindern, Genugtuungsgesandtschaften an die Bundesgenossen übernehmen und Kriege bestätigen." https://www.wikipedia.org/wiki/Fetialen
[19] Sigrid Albert, Bellum iustum, 1980, S. 13

Diese formelhafte, umständliche Art der Kriegserklärung, die auf der gegnerischen Seite ein Pendant voraussetzte, änderte sich ab dem 3. Jh. v. Chr. durch die aggressive Expansionspolitik Roms gravierend. Senatorische Legaten übernahmen die Aufgaben der Fetialen, die jetzt nach eigenem Ermessen den Krieg ansagen konnten, wenn die Sühnehandlungen abgeschlossen und die politische Kriegsentscheidung im Senat gefällt war, ohne religiöses Zeremoniell. Die Tätigkeit der Fetialen beschränkte sich von da an auf Gutachtertätigkeit und Formalia bei Kriegserklärung und Kriegsbeendigung.

1.3.2.3 *amicitia – societas – foedus*

Zu den friedlichen Formen der völkerrechtlichen Beziehungen Roms zählen Bündnisse zu den *socii* (Bundesgenossen) und *amici* (politischen Freunden) über verbindliche *foedera* (Verträge). Dabei entschied Rom situativ über Art und Umfang der gewährten Bündnisform.

> „Die schwächere Form der Beziehung war die ‚*amicitia*'; sie besagte nicht viel mehr, als dass die gegenseitige Existenz mit Wohlwollen zur Kenntnis genommen wurde. Eine engere Verbindung wurde erst durch einen Vertrag konstituiert, der den *amicus populi Romani* zum *socius (et amicus) populi Romani* machte."[20]

Das *amicitia*-Verhältnis hat vor allem den Friedensschluss auf ewige Dauer zwischen den Bündnispartnern zum Inhalt, was dazu führt, dass die Bündnispartner sich wechselseitig Hilfe im Kriegs- oder Krisenfall bieten. Die *societas* wurde im Gegensatz zur *amicitia* immer vertraglich beschlossen und impliziert die wechselseitige Hilfe der *socii* im Kriegsfall und eine verbindliche Partnerschaft mit Rom. Friedensverträge (*foedera*) wurden durch die Fetialen per Eidformel geschlossen, wobei zwischen *foedus aequum* (formelle, nicht tatsächliche Gleichrangigkeit der Partner) und *foedus iniquum* (formelle und faktische Ungleichheit der Bündnisparteien) unterschieden wurde. Letzten Endes diktierte Rom den Bündnispartnern die Bedingungen.

---

[20] Jochen Bleicken: Die Verfassung der Römischen Republik, Paderborn 1995, S. 228

1.3.3 Das *amicitia*-Verhältnis am Beispiel von
Caesars *Bellum Helveticum*[21]
(Tilo Nettelstroth/Leon Saalmüller)

Der Begriff des *amicus populi Romani* und der Ausdruck *„pacem et amicitiam confirmare"* tritt in Caesars *Bellum Helveticum* zuerst im Zusammenhang mit dem Plan des Helvetierfürsten Orgetorix auf, sich Bündnispartner bei den Sequanern und den Haeduern für einen Auszug des gesamten helvetischen Volkes aus dem angestammten Siedlungsgebiet zu suchen (vgl. Caesar, b. G. 1, 3, 1-4). Caesar, der als Prokonsul 58. v. Chr. die *Provincia Gallia Narbonnensis* übernommen hatte, schildert in sachlichem Stil des berichtenden Beamten dem römischen Leser im Senat die Helvetier als ebenso tapferes wie besonders kriegslustiges Volk, was dem Topos des „barbarischen Wilden"[22] in gleicher Weise entsprechen sollte wie das Bild der von den Römern gefürchteten Germanen (*furor Teutonicus*).

Der in nur drei Eingangskapiteln dramatisch verkürzt dargestellten Figur des machtgierigen, autokratischen Keltenfürsten Orgetorix[23], welcher nach der Alleinherrschaft über ganz Gallien strebt, unterschiebt Caesar gezielt Motive, die das Eingreifen der römischen Armee in Gallien notwendig macht. Er lässt ihn (nach dem Vorbild Catilinas, der Rom kaum fünf Jahre zuvor durch einen Staatsstreich in seine Gewalt zu bringen versuchte) eine riesige Anhängerschaft (b. G. 1, 4, 2 *„omnem suam familiam, ad hominum milia decem, undique*

---

[21] Für den nachfolgenden, überarbeiteten und ergänzten Beitrag sind die wichtigsten Quellen:
1) Caius Julius Caesar, Bellum Gallicum, hrsg. v. G. Dorminger, 4. Aufl., Darmstadt 1977, 2) Caesar: Bellum Gallicum, der Typus des Machtmenschen, Antike und Gegenwart, 3. Aufl., Bamberg 2011, 3) Caesar: Bellum Gallicum, vollständiger Text, Paderborn, 1977, 4) Gerold Walser: Bellum Helveticum, Studien zum Beginn der caesarischen Eroberung von Gallien, Stuttgart 1998, 5) https://segu-geschichte.de/gerechter-krieg, https://blog.nationalmuseum.ch/2018/07/als-caesar-die-helvetier-stoppte

[22] vgl. Gerold Walser: Bellum Helveticum, S. 43 „Die überhebliche Einschätzung der helvetischen Kriegsstärke, die Orgetorix bei seinen diplomatischen Aktionen vertritt, soll für römische Ohren den bramarbasierenden Barbaren kennzeichnen."

[23] dazu Gerold Walser: Bellum Helveticum, S. 39f.: „Woher die vornehme Abkunft und der große Reichtum des Orgetorix stammen, führt Caesar nicht aus. Die hervorragende politische Stellung anderer gallischer Adliger leitet Caesar oft vom früheren Königtum der Familie ab (...). Im allgemeinen lebt das keltische Stammeskönigtum um 100 v. Chr. aus und wird durch adlige Wahlbeamte […] ersetzt. Die gallischen Stämme betrachten den Versuch der Restitution des Königtums als todeswürdiges Verbrechen."

coegit et omnes clientes obaeratosque suos, quorum magnum numerum habebat…"[24]) unterhalten. Daraufhin reitet Orgetorix als Gesandter unbehelligt durch von Helvetiern und Germanen kontrolliertes Gebiet und besticht die jüngere Führungsschicht der verbündeten Stämme der Haeduer und der Sequaner, um einen Umsturz durch *coniuratio* (Verschwörung) herbeizuführen. Dies wird den Helvetiern verraten, so dass es zum Hochverratsprozess und zum Aufstand kommt, in dessen Folge Orgetorix plötzlich verstirbt (b. G. 1, 4). Caesar inszeniert bewusst ein solches Szenario, um die Leser auf die Gefahrensituation in der befriedeten Provinz hinzuweisen. Die tatsächliche Gefahr der den Rhein überschreitenden Germanen unter Ariovist[25] führt er erst in der zweiten Hälfte des 1. Buches weiter aus. Den Auszug der Helvetier durch das Gebiet der mit Rom verbündeten Sequaner und Haeduer, den Caesar als Statthalter Galliens verhindern muss, schildert dieser als offenen Rechtsbruch. Caesars militärisches Eingreifen (b. G. 1, 12) entspricht also *pro forma* dem römischen Rechtsverständnis und dient offiziell dem Schutz der durch die Helvetier bedrohten und geschädigten *socii* bzw. *amici* der Haeduer.

> „Nicht zur Sprache kommen bei diesem Vorhaben die Feindschaft zwischen Haeduern und Sequanern, die noch Ende der 60er Jahre gegeneinander Krieg geführt haben, und der helvetische Auszug an die Atlantikküste, also ca. 400 km vom haeduischen Stammesgebiet entfernt. […] Unnötig zu wiederholen, dass der germanische Condottiere Ariovist mit keinem Wort erwähnt wird, obwohl er der Hauptfeind der römischen Schützlinge, der Haeduer, ist und welchen der

---

[24] Zum festgesetzten Gerichtstag zog Orgetorix „seine gesamte (familiäre) Anhängerschaft zusammen, an die 10 000 Mann, aus allen Teilen des Landes Klienten und Schuldner, von denen er eine große Zahl besaß". (b. G. 1, 4)

[25] Walser stellt fest, dass Caesar in seiner Darstellung des Kriegsbeginns bewusst Daten und Fakten so manipuliert, dass der eigentliche Kriegsbeginn verschleiert und zugunsten der Römer als „*bellum iustum*" gegen äußere Feinde (Helvetier und Germanen) gedeutet werden kann. Den eigentlichen Hauptgegner, den Germanenfürsten Ariovist, der zusammen mit den Sequanern die romtreuen Haeduer schon um 62 v. Chr. angegriffen hatte, lässt Caesar erst viel später auftreten, obwohl bereits 61 und 60 v. Chr. der Gesandte der Haeduer Rom als Bundesgenossen um Hilfe angefleht hatte. Der Senat wusste also bereits drei Jahre vor Caesars Bericht von den Plänen der Helvetier und dem Umsturzplan des Orgetorix. Walser vermutet einen unmittelbaren Zusammenhang zwischen der Haeduerniederlage und den helvetischen Auszugsplänen.

Konsul des Jahres 59 v. Chr. mit den für einen Barbaren höchsten Auszeichnungen dekoriert hatte."[26]

Nachdem die Helvetier ihren auf den 28.03.58 v. Chr. datierten gemeinsamen Auszug nicht, wie geplant, durch die römische Provinz nehmen konnten, weil Caesar es verbot und entsprechende Maßnahmen zur Sicherung ergriffen hatte, blieb ihnen nur der Weg durch das sequanische Gebiet, der aufgrund der Gebirgspässe als „eng und schwer passierbar" galt und der nicht ohne Zustimmung der Sequaner durchquert werden konnte. Das wechselseitige *amicitia*-Bündnis zwischen dem Helvetier Orgetorix, dem Sequaner Casticus und dem Haeduer Dumnorix (vgl. b. G. 1, 3) nutzten die Helvetier nach Caesars Darstellung zu einem neuen Pakt der ehemalig verfeindeten Stämme. Unter der Leitung des Haeduers Dumnorix, der, mit der Tochter des Orgetorix verheiratet, als ehrgeizig, habgierig und umstürzlerisch dargestellt wird (analog zur Figur des Orgetorix), erreichen die Helvetier den wechselseitigen Geiselaustausch, „so dass die Sequaner den helvetischen Durchmarsch nicht behinderten und dass die Helvetier ohne Gewalttat und Unrecht passierten."[27]

Es folgt in b. G. 1, 10 die Darstellung von Caesars Rekrutierungsmaßnahmen und Kriegsvorbereitungen sowie der eigentliche Kriegsgrund, worauf im Zusammenhang mit der Beurteilung des *Bellum Helveticum* als *bellum iustum* oder *bellum iniustum* noch genauer eingegangen wird.
Ein angebliches *amicitia*-Bündnis zwischen Caesar und den Helvetiern, das besonders aus der Perspektive der Helvetier-Geschichte in Schweizer Quellen[28] favorisiert wird, lässt sich nach Auffassung neuerer Forschung nicht belegen.
Im Gegenteil: Die Helvetier werden nach Abschluss der Kriegshandlungen (b. G. 1, 27) von Caesar in das von ihnen verlassene Gebiet zurückgesandt, dort zwangsangesiedelt, um das Machtgleichgewicht der Region wiederherzustellen (b. G. 1, 28), wobei der größte Teil ihres Volkes getötet oder versklavt wird:

[26] Walser, Bellum Helveticum, S. 43
[27] Caesar, Bellum Gallicum, 1, 9, 4, in: Gero Walser: Bellum Helveticum, S. 19
[28] vgl. Walser, Bellum Helveticum, S. 9

„Der Mangel an allem Notwendigen veranlasste schließlich
die Helvetier, Gesandte wegen ihrer Unterwerfung an Caesar
zu schicken. Sie trafen ihn auf dem Marsch, warfen sich ihm
zu Füßen und baten flehentlich und weinend um Frieden. Als
er ihnen befahl, an dem Ort, wo sie gerade waren, auf seine
Rückkehr zu warten, gehorchten sie."

Diese *deditio* (Unterwerfung, Kapitulation) der Helvetier war kein
foedus, sondern ein formell geregelter, „freiwilliger" Vorgang, durch
den die Herrschaftsgewalt über ein fremdes Gemeinwesen auf Rom
überging und wodurch das sich übergebende Gemeinwesen auf-
hörte als selbständiges Gemeinwesen zu existieren.

Dennoch scheint Caesar ein *amicitia*-Verhältnis vor Ausbruch
weiterer Kriegshandlungen den Helvetiern als Alternative zum
Krieg nahe gelegt zu haben oder die Helvetier haben dies von
Caesar möglicherweise gefordert. Schon vor dem Auszug der
Helvetier weist Caesar immer wieder - für den römischen Leser
nachvollziehbar - auf die Legalität der römischen Ansprüche auf
Unversehrtheit von Land und Bevölkerung der Provinz im Zusam-
menhang mit der Schutz- und Hilfsfunktion der Bündnispartner der
Haeduer und Sequaner und der Statthalterschaft in *Gallia Narbon-
nensis* hin.
Exemplarisch zeigt dies die Verhandlung (b. G. 1, 13ff.) nach der
Schlacht am Arar (b. G. I, 12) zwischen dem Helvetierführer
Divico[29] und Caesar:

1.3.4 Textquelle Q 1:
Caius Julius Caesar: Commentarii de bello Gallico, 1, 13, 3-7

Is [Divico]ita cum Caesare egit:
Si pacem populus Romanus cum Helvetiis faceret,
in eam partem ituros atque ibi futuros Helvetios,
ubi eos Caesar constituisset atque esse voluisset;
sin bello persequi perseveraret,

---

[29] Die Figur des legendären Divico, der als Anführer der Helvetier Orgetorix nachfolgte und angeblich
schon an der *clades Cassiana* von 107 v. Chr. teilgenommen hatte, wird in der Forschung als bewusste
Gestaltung durch Caesar dargestellt. Einzelheiten vgl. Gero Walser: Bellum Helveticum, S. 59

reminisceretur et veteris incommodi populi Romani[30]
et pristinae virtutis Helvetiorum.
[…]
Se ita a patribus maioribusque didicisse, ut
magis virtute quam dolo contenderent aut insidiis niterentur.
Quare ne committeret, ut is locus, ubi constitissent, ex calamitate
populi Romani et internecione exercitus nomen caperet
aut memoriam proderet.

Dieser [Divico] eröffnete Caesar Folgendes:
Wenn das römische Volk mit den Helvetiern Frieden schließe,
würden sie dorthin ziehen und dort bleiben, wo Caesar es
bestimme. Wenn er am Krieg festhalte, solle er sich an das alte
Unglück des römischen Volkes und an die frühere Tapferkeit
der Helvetier erinnern.
[…]
Sie hätten von den Vorfahren gelernt, mehr mit
Tapferkeit als mit List zu kämpfen.
Er solle es deshalb nicht so weit kommen lassen, dass
der Ort, auf dem sie ständen, seinen Namen von der
Katastrophe des römischen Volkes und der Niedermetzelung
eines ganzen Heeres erhalte.

Caesars Entgegnung (b. G. 1, 14) ist ebenso taktisch wie rhetorisch
so angelegt, dass der Übergang von einer formellen Verwarnung
der Helvetier durch ihn, den offiziellen obersten Beamten der
Provincia, zur offensiven Kriegserklärung an die „umhervaga-
bundierenden barbarischen Horden" für den Senat nachvollziehbar
bleibt. Caesar verbindet die eigentlich längst ins Geschichtsbuch
(„*memoria*") verbannte einstige Schmach („*contumelia*") der Römer
mit persönlichen Verlusten und Familientradition (Tod seines
Schwiegervaters in dieser Schlacht) sowie römischen Wertvorstellungen von „*virtus*", die er wirkungsvoll dem Feindbild in seiner
unzivilisierten, barbarischen Härte und Grausamkeit kontrastiert.

---

[30] Die Anspielung auf die römische Niederlage von 107 v. Chr. in der *clades Cassiana* ist von Caesar
als exemplum der helvetischen Geschichte bewusst eingesetzt worden, um die potentielle Bedrohung
der Provinz und ihrer Bundesgenossen durch die „barbarischen" Helvetier noch zu unterstreichen.

Als Caesar den Helvetiern kein Friedenangebot macht, brechen die Verhandlungen ab und es kommt zur entscheidenden Phase des Krieges, der mit der „*deditio*" des helvetischen Volkes endet.

2   *Est igitur res publica res populi* –
Ciceros staatstheoretische Grundlagen

Vor der weiteren Beschäftigung mit der Ausgangsfrage unseres
Kurses, ob ein Krieg *gerecht* sein könne und in welcher Weise der
Begriff des *„bellum iustum"* auf historische (hier am Beispiel des
„Bellum Gallicum") und gegenwärtige Kriege begründet anzuwenden wäre, geht es im Folgenden um die Einführung in staatstheoretische Überlegungen und Grundlagen der römischen Verfassung, wie sie Marcus Tullius Cicero in seinem Werk *De re publica*
(54-51 v. Chr.) erstmals formuliert.

Das nur in Fragmenten überlieferte Werk ist szenisch gestaltet, zum
Teil nach platonischem Vorbild der *„Politeia"* und den sokratischen
Dialogen, zum Teil nach aristotelischer Dialektik als längerer Lehr-
dialog. Es spielt im Jahr 129 v. Chr. an drei Tagen der *Feriae Latinae*[31]
im Hause des Scipio Africanus minor[32], der 146 v. Chr. Karthago
besiegt und zerstört hatte und der dazu im Ruf steht, ein gebildeter
und gerechter Staatsmann im Sinne der mittleren römischen Stoa zu
sein. Cicero verlegt absichtlich die Handlung des Dialogs in die Zeit
der gracchischen Reformen (um 133 v. Chr.), um direkte politische
Anspielungen auf die Gegenwart der ausgehenden Republik zu
vermeiden. Dennoch wird deutlich, dass Caesars von Cicero
ursprünglich begrüßte und bewunderte Expansionspolitik in
Gallien dem Bestand der von Cicero vehement verteidigten *„libera
res publica"* (der „freien (römischen) Republik") gefährlich
geworden ist. Seiner speziellen Beziehung zu Caesar ist in unserem
Themenheft ein weiterer Abschnitt (3.2) gewidmet.

---

[31] Die *Feriae Latinae* (Latinerfest) gehörten als Bundesfest des latinischen Städtebundes zu den
wichtigsten Festen der römischen Antike. Abgehalten wurde das dem *Iuppiter Latiaris* geweihte Fest
auf dem Albanerberg.

[32] Publius Cornelius Scipio Aemilianus Africanus minor Numantinus (* 185 v. Chr.; † 129 v. Chr.),
meist Scipio Aemilianus oder „der jüngere Scipio" zur Unterscheidung vom älteren Scipio
Africanus genannt, war ein römischer Feldherr und Staatsmann, der vor allem für die erfolgreiche
Belagerung und anschließende Zerstörung Karthagos bekannt ist.

2.1 Marcus Tullius Cicero, *De re publica* 1, 39ff.

Scipio Africanus, von dem Gesprächskreis aufgefordert, den Staat
in seinem Aufbau und seinen möglichen Verfassungsformen
darzulegen, beginnt die Erörterung mit einer Definition seines
Gegenstandes:

Textquelle Q 2:
Marcus Tullius Cicero, *De re publica*, 1, 39ff.[33]

de rep. 1, 39 Definition der res publica
Est igitur, inquit Africanus, res publica res populi,
populus autem non omnes hominum coetus quoquo modo
congregatus,sed coetus multitudinis iuris consensus
et utilitatis communione sociatus.
Eius autem prima causa coeundi
est non tam imbecillitas
quam naturalis quaedam hominum quasi congregatio.
Non est enim singulare et solivagum
genus hoc, sed ita generatum,
ut ne in omnium quidem rerum affluen<tia> [Lücke im Text]

de rep. 1, 41 Gründung der civitas
Scipio: Hi coetus igitur hac, de qua exposui, causa instituti
sedem primum certo loco domiciliorum causa constituerunt.
Quam cum locis manuque saepsissent,
eiusmodi coniunctionem tectorum oppidum vel urbem appellaverunt,
delubris distinctam spatiisque communibus.
Omnis ergo populus, qui est talis coetus multitudinis,
qualem exposui, omnis civitas, quae est constitutio populi,
omnis res publica, quae, ut dixi, populi res est,
consilio quodam regenda est, ut diurnius sit.
Id autem consilium primum semper ad eam referendum est,
quae causa genuit civitatem.

---

[33] Der lateinische Text ist zitiert nach der im Unterricht verwendeten Schulausgabe Sammlung Ratio:
Lebens(t)raum Staat, politisch denken lernen mit Cicero, Bamberg 2011, S. 12; die Schüler haben
zusätzlich die Büchner-Ausgabe des Werkes: De re publica/Vom Gemeinwesen lateinisch/deutsch,
Stuttgart 1979 verwendet.

de rep. 1, 42 Verfassungen der Staates
Deinde autem uni tribuendum est
aut delectis quibusdam
aut suscipiendum est multitudini atque omnibus.
Quare, cum penes unum est omnium summa rerum,
regem illum unum vocamus et regnum eius rei publicae statum.
Cum autem est penes delectos,
tum illa civitas optimatium arbitrio regi dicitur.
Illa autem est civitas popularis – sic enim appellant -,
in qua in populo sunt omnia.
Atque horum trium generum quodvis, si teneat illud vinculum,
quod primum homines inter se rei publicae societate devinxit,
non perfectum illud quidem, neque mea sententia optimum,
sed tolerabile tamen et aliud ut alio possit esse praestantius.
Nam vel rex aequus ac sapiens vel delecti ac principes cives
vel ipse populus, quamquam id est minime probandum,
tamen nullis interiectis iniquitatibus aut
cupiditatibus posse videtur aliquo esse non incerto statu.

Deutsche Übersetzung: Nick Hofmann/Yannick Schutzmeier
de rep. 1, 39
[Scipio]Africanus sagte: „Der Staat ist also (w: aus diesem Grunde) eine Sache des Volkes, das Volk aber ist nicht jede zusammenkommende Schar an Menschen (w: irgendwie versammelte Ansammlung von Menschen), sondern die Versammlung zu einer Einheit, zusammenfasst durch die Übereinstimmung des Rechts und durch Gemeinschaft des Nutzens. Der hauptsächliche (erste) Antrieb zum Zusammenkommen ist nicht so sehr die Schwäche als eine (gewisse) gemeinsame natürliche Veranlagung dazu.
Denn nicht einzeln und allein umherschweifend ist dieses Geschlecht [der Menschen], sondern (es ist) so beschaffen, dass er nicht einmal in aller Dinge Überfluss... [Textlücke]

de rep. 1, 41
Scipio: „Solche Versammlungen von Menschen also, die sich aus dem oben dargelegten Grund bilden, setzten zuerst an einem bestimmten Platz ihren Wohnsitz fest, um dort zu siedeln (w: ihrer Häuser wegen). Sobald sie diese

[Behausungen] durch natürliche und künstliche Befestigungen
umzäunt/geschützt hatten, nannten sie eine derartige
Ansammlung von (w: Dächern) Wohnhäusern Kleinstadt oder
Stadt, die durch Heiligtümer und öffentliche Plätze gegliedert
war. Also muss jedes Volk, welches eine solche Ansammlung
einer Menschenmenge darstellt, wie oben dargelegt, jede
Bürgerschaft, die die verfassungsmäßige Einrichtung des
Volkes ist und jeder Staat, der, wie ich sagte, Sache des Volkes
ist, durch vernünftiges Planen gelenkt werden, um dauerhaft
zu sein. Dieser (sc. vernünftige) Plan muss immer zuerst auf
den Grund bezogen sein, der das Gemeinwesen hervorgebracht
hat.

de rep. 1, 42
Dann muss dieses [sc. *consilium* – vernünftige Planen] entweder
einer einzelnen Person oder gewissen ausgewählten Leuten
(einer Gruppe) oder der Menge und alle müssen es übernehmen. Deshalb, wenn bei einem einzigen die gesamte Macht
liegt, nennen wir jenen einen König und Königtum die Verfassung [i. e. den Zustand seines Staates]. Wenn sie (diese
Macht) bei den Auserwählten liegt, dann sagt man, dass jener
Staat nach dem Willen der Besten regiert wird. Jener aber ist ein
vom Volk regierter [i. e. demokratischer] Staat – so nennen sie
ihn nämlich -, in dem beim Volk die höchste Gewalt liegt.
Vom allen diesen Arten ist jede, wenn sie jenes Band festhält,
welches zuerst die Menschen zur Verbindung zu einer
Gemeinschaft veranlasst hat, zwar nicht vollkommen, und
nicht die beste meiner Meinung nach, aber dennoch erträglich
und so, dass eine besser sein kann als die andere. Denn
entweder kann ein gerechter (unparteiischer) und weiser König
oder auserwählte erste Bürger oder selbst das Volk, obgleich es
am wenigsten zu billigen ist, dennoch – solange keine
Ungerechtigkeiten oder Begierden auftreten – so meine ich –
von einem nicht ungefestigten Zustand sein.

2. 2 Begriffsinventar und Wortfelderschließung
zu Cicero, *De re publica*, 1, 39ff.

Als Vorerschließung des zu übersetzenden Textes oder auch als
Ausgangspunkt einer Analyse und Interpretation des bereits als
Arbeitsübersetzung vorliegenden Textauszugs aus Ciceros
De re publica, 1, 39ff. eignet sich die Anlage eines Begriffsinventars
unter Nutzung von bekannten deutschen und fremdsprachigen
Ableitungen, Lehn- und Fremdwörtern. Die Auswahl ist hier
exemplarisch auf einige zentrale Begriffe reduziert[34]. Auffällig ist
zum einen die Häufung des Präfixes *co-/con-/com-* (abgeleitet von der
Präposition *cum* – ((zusammen) mit) in Komposita zur Kenn-
zeichnung der Vereinigung von Menschen zum Zweck einer
gemeinsamen Behausung, der Errichtung eines ersten Gemeinwesens und einer gemeinsamen Rechtsgrundlage sowie später einer
ersten „Verfassung". Zweitens treten Ableitungen von *populus*
(*publicus, popularis* etc.) in Abgrenzung zum gebräuchlichen Begriff
einer unbestimmten Menge *„multitudo"* in Kombinationen mit
Begriffen wie *„res"* (Sache), *„ius"* (Recht), *„utilitas"* (Nutzen,
Nützlichkeit) und in Abgrenzung von *„genus singulare ... solivagum"*
(ein einzeln lebendes Geschlecht) gehäuft auf. Cicero konstatiert eine
Art natürliche Neigung der Menschen, sich zu einer Gruppe bzw.
einer strukturierten Verbindung von Menschen an einem bestimmten, befestigten Ort (Wohnsitz) zu vereinen und dieser
Übereinkunft eine planvolle Regelung durch Gesetze, Verfassung
und Regierende zu geben.

lateinischer Begriff	Ableitungen, Lehn- und Fremdwörter, moderne Fremdsprachen	deutsche Bedeutungen
res publica f ⇒ publicus, a um	Republik ⇒ etw. publik machen	(demokratischer) Staat, Republik

[34] Der Lateinkurs hat zunächst gemeinsam eine Arbeitsübersetzung zu de rep. 1, 39-42 angefertigt,
anschließend die zentralen Begriffe als Ausgangspunkt einer ausführlichen schriftlichen Analyse und
Interpretation des Textauszugs gesammelt und mit späteren historischen Entwicklungen der
Staatstheorie bis zur Gegenwart verglichen.

	⇒ Publikum ⇒ Publikation e: republic, public, publicity f: république, public	⇒ öffentlich, Öffentlichkeit, Veröffentlichung

res populi f
  ⇒ populus i m
  ⇒ constitutio populi (1, 41)
  ⇒ civitas popularis (1, 42)
	populär
	populistisch
	Popularität
	Pöbel
	e: popular, people
	f: populace, populaire, popularité
		Sache des Volkes
		  ⇒ Verfassung des Volkes
		  ⇒ vom Volk (regierter) Staat
		  ⇒ populär: beliebt (beim Volk) volkstümlich weitere Verbindungen mit Volks-…

(causa) coeundi
  ⇒ coire
  ⇒ coetus multitudinis
	Koitus	zusammenkommen, zusammentreffen zusammenstoßen
		sich vereinigen
		sich paaren
		Verein, Versammlung, Kreis

congregatus
  ⇒ congregare
  ⇒ congregatio onis f
	Kongress
	Kongregation
	e: congregate, congregation
	f: congrès, congrégation
		w: zusammenscharen
		versammeln, Versammlung
		Vereinigung

(iuris)consensus us m
  ⇒ consentire
  ⇒ ius iuris n
	Konsens, konsensuell konsentieren
	Jura, Jus, Jurisprudenz Judikative
	e: consense, consent
	f: consensus, consensuelle
		rechtliche Übereinstimmung
		  ⇒ Recht, Rechtswissenschaft, Gerichtsbarkeit
		  ⇒ übereinstimmen

(utilitatis)
communio onis f
	Kommune,
	kommunal
	kommunistisch,
	Kommunion
	Utilitarismus
	e: common,
	commoner,
	common sense,
	commune,
	community etc.
	use, usual,
	utility
	f: commun,
	communal,
	commune,
	communion etc.
	utile, utilité,
	utilitaire
		Gemeinschaft
		(Übereinstimmung) des
		Nutzens
		⇒ Gemeinde,
		   gemeinschaftlich, auf
		   Gemeinde/Gemeinschaft
		   bezogen
		⇒ Nutzen, Nützlichkeit

sociatus
   ⇒ sociare
   ⇒ societas atis
      f
      socius i m
	sozial, Sozietät,
	Socius,
	Sozialismus
	e: social,
	socialize,
	socialist, society
	f: social, société
		verbinden, verbunden sein,
		gemeinschaftlich
		Gemeinschaft
		   ⇒ Gefährte, Verbündeter

non singulare
nec solivagum
(genus)
   ⇒ solus, a, m
   ⇒ vagare
	Singular,
	singulär,
	Singularität,
	solo, Vagabund,
	vagabundieren
	e: single,
	singular, sole
	f: singulier,
	singularités,
	solo, vagabond
		(nicht) einzeln, vereinzelt (und
		nicht) einzeln umherziehend

coniunctio onis f (tectorum) ⇒ coniungere		verbinden, Verbindung, Verband/Ansammlung (von Dächern/Häusern)

2.3 Tim Fuhrmann:
bellum iustum vs. *bellum iniustum* – theoretische Vorüberlegungen

Die erste theoretische Definition von Krieg als „gerecht",
„ungerecht" oder „zu rechtfertigen" geht in der römischen Antike
auf den stoischen Philosophen und Schriftsteller Marcus Tullius
Cicero (106 v. - 43 v. Chr.) zurück. Vor Cicero gab es ein allgemein-
gültiges Verständnis des Begriffs *„bellum iustum"*, welches z. B. auch
Caesar stillschweigend voraussetzt, ohne es theoretisch zu nennen.
Es gibt grundsätzlich verschiedene, sich teilweise auch wider-
sprechende Theorien über die Frage, ob und unter welchen Bedingungen ein Krieg in der Antike sakral, d. h. „gerecht vor den
Göttern" (nach göttlichem Recht bedeutet *„fas"* „Recht" oder *„nefas"*
„Verbrechen"), ethisch-moralisch „gerecht" (in Bezug auf die
Wertevorstellung der Kardinaltugend *„iustitia"*, vgl. agriech.
dikaiosyne) oder formaljuristisch als „legitim" bzw. als
„gerechtfertigt" oder „rechtmäßig" bezeichnet werden darf.

Im folgenden Kapitel werden ausgewählte Textstellen aus Ciceros
staatsphilosophischen Werken *De re publica* und *De officiis* sowie
weiterer Ergänzungen der nur lückenhaft überlieferten Original-
quellen in zweisprachiger Fassung präsentiert, die mit einer
kommentierten Ausgabe von unserem Lateinkurs erarbeitet worden
sind. Im Anschluss folgen Kommentare, Referate und Auszüge aus
Portfolios der Schülerinnen und Schüler, die sich zum einen mit
Ciceros Vorbildern in der griechischen Philosophie, zum anderen
mit der praktischen Anwendung der Definition des *bellum iustum*
bzw. *bellum iniustum* am Beispiel von Caesars *Bellum Gallicum*,
speziell des im Kurs erarbeiteten *Bellum Helveticum*, befassen.
Abschließend geht es über die historische Situation hinaus auch um
die kritische Sicht auf Kriege der Gegenwart.

2.3.1 Textquellen aus Ciceros *De re publica* und *De officiis*, Text, Übersetzung, Kommentar

Textquelle Q 3:
M. Tullius Cicero, de rep., 3,33-35[35]

Cicero lässt im 3. Buch seines philosophischen Hauptwerks *De re publica* den Philosophen und Redner Laelius[36] die Gründe für und gegen Krieg und die Bezeichnung *bellum iustum* bzw. *bellum iniustum* erörtern. Zunächst führt Laelius aus, dass das von Göttern gegebene Naturgesetz die Grundlage jedes Staates sein müsse. Eine Unterscheidung zwischen Naturrecht, Gerechtigkeit und positivem Recht wird hier vorerst nicht angenommen. Dazu unterscheiden die Juristen[37] formal zwischen „gerecht" und „rechtmäßig", was Cicero nicht eindeutig formuliert. *Bellum iustum* bezeichnet einen formell (nach römischer Rechtsauffassung formgerecht) eingeleiteten und um einer *iusta causa* willen geführten Krieg. Cicero nennt die Kriterien in den folgenden Textauszügen:

de rep. 3, 33
> „Es ist aber das wahre Gesetz die richtige Vernunft, die mit der Natur im Einklang steht, sich in alle ergießt, in sich konsequent, ewig ist, die durch Befehle zur Pflicht ruft, durch Verbieten von Täuschung abschreckt, die indessen den Rechtschaffenen nicht vergebens befiehlt oder verbietet, Ruchlose aber durch Geheiß und Verbot nicht bewegt. Diesem Gesetz etwas von seiner Gültigkeit zu nehmen, ist Frevel, ihm irgendetwas abzudingen unmöglich, und es kann ebenso wenig als Ganzes außer Kraft gesetzt werden."

Im darauf folgenden Abschnitt führt Laelius den Ursprung des Gesetzes auf den Gott[38] zurück:

---

[35] Marcus Tullius Cicero: De Re Publica/Vom Gemeinwesen, Lat.-Dt., übersetzt und hrsg. v. K. Büchner, Stuttgart 1979; die folgenden Textstellen sind dieser Ausgabe entnommen worden.

[36] Gaius Laelius (um 182 v. Chr-129 v. Chr.): Redner, Philosoph, Staatsmann, befreundet mit Scipio Aemilianus

[37] dazu ausführlich vgl. Alfons Bürge: Bellum iustum in Rom, Bulletin 100/2022

[38] „Gott" ist hier eine allgemeine Bezeichnung, kein konkreter griechisch-römischer Gott, auch nicht der jüdisch-christlich-islamische all-eine „Gott". Dem Ausdruck entspricht die Vorstellung, dass eine Gottheit oder ein göttlicher Wille die Welt geschaffen habe.

*„… unusque erit communis quasi magister et imperator omnium
deus: ille legis huius inventor, disceptator, lator.“*

„…und einer wird der gemeinsame Meister gleichsam und
Herrscher sein: der Gott. Er ist der Erfinder dieses Gesetzes,
sein Schiedrichter, sein Antragsteller.“

Wer diesem Gesetz nicht gehorcht – dem gottgegebenen Naturgesetz – der werde „sich selber fliehen und das Wesen des Menschen verleugnend, wird er gerade dadurch die schwersten Strafen
büßen, auch wenn er den übrigen Strafen, die man dafürhält,
entgeht.“

Im nächsten Absatz geht Cicero unvermittelt auf den Krieg ein.
Dieses Zitat ist aus Augustinus, *De civitate dei*, 22,6[39] ergänzt:

de rep. 3, 34

*Nullum bellum suscipi a civitate optima
nisi aut pro fide aut pro salute.[…]*

Dass kein Krieg vom besten Gemeinwesen unternommen
werde außer für gegebenes Wort oder Heil (Wohlergehen).

Laelius führt im Folgenden den Gedanken weiter aus, dass ein
Mensch zwar den über ihn wegen einer Schuld verhängten Strafen
durch einen schnellen Tod entgehen könne, einem Staat aber durch
„Tod“ seine vollständige Vernichtung drohe. Ein Staat müsse so
eingerichtet sein, dass er ewig bestehe. Den Untergang eines Staates
vergleicht er dem Weltende. Die nächste Passage befasst sich mit
der Definition des *bellum iniustum;* auf den *bellum iustum* kommt
Cicero somit nur indirekt zu sprechen:

de rep. 3, 35

*Illa iniusta bella sunt,
quae sunt sine causa suscepta.*

---

[39] Augustinus, civ. 22,6, vgl. Cicero: *De re publica*, Stuttgart 1979, S. 280

*Nam extra ulciscendi aut propulsandorum hostium
causam bellum geri iustum nullum potest.
Nullum bellum iustum habetur
nisi denuntiatium, nisi dictum, nisi de repetitis rebus.*

Jene Kriege sind ungerecht, die ohne Grund unternommen
werden: Denn ohne den Grund sich zu rächen oder die
Feinde zurückzuschlagen, kann kein gerechter Krieg
geführt werden. Kein Krieg gilt als gerecht, außer dem
angesagten, erklärten und abgesehen von denen, die erklärt
worden sind wegen einer Rückgabeforderung.

Die „Gerechtigkeit" oder „Rechtmäßigkeit" eines Krieges hängt
neben der formell korrekten Kriegseröffnung (vgl. 1.3.2.2) durch die
beauftragten Fetialen oder Legaten also vor allem von den *iusta
causae belli* ab, die von Cicero an anderer Stelle ausgeführt werden.
Aus der Textstelle geht vor allem hervor, dass die erste *iusta causa*
der Angriff auf das eigene Volk oder auf Verbündete ist, die zweite
ein Rachefeldzug, der aber an anderer Stelle von Cicero nur eingeschränkt, als Kriegsgrund akzeptiert wird.

Ergänzend zu dieser Textstelle de rep. 3, 35 findet sich das folgende
Zitat:
*Noster autem populus sociis defendendis
terrarum iam omnium potitus est.*

Aber unser Volk hat sich schon durch die Verteidigung der
Bundesgenossen der Herrschaft über die gesamte Welt
bemächtigt.

Hier übt Cicero indirekt Kritik an der in seiner Zeit üblichen Um-
wertung ursprünglich „gerechtfertigter" Kriegsgründe
– der Verteidigung von Schutzbefohlenen bzw. Bundesgenossen –
nach Kriterien imperialistischer Expansionspolitik, wie sie Caesar
beispielsweise in Gallien betreibt.

Textquelle Q 4: Ergänzungen zu Cicero, de rep. 3, 33ff:
Isidorus von Sevilla, Etymologia 18, 2ff[40]

Quattuor autem sunt genera bellorum:
id est iustum, iniustum civile, et plus quam civile.
Iustum bellum est,
quod ex praedicto geritur de rebus repetitis
aut propulsandorum hostium causa.
Iniustum bellum est quod de furore,
non de legitima ratione initur.

Es gibt aber vier verschiedene Arten von Kriegen:
das ist (sind) der gerechte Krieg, der ungerechte Bürgerkrieg
und der Krieg, der über das Maß des Bürgerkriegs noch
hinausgeht.[41]
Gerecht ist ein Krieg, wenn er nach Vorankündigung geführt
wird entweder wegen Rückforderung von Dingen (Besitz)
oder um Feinde abzuwehren. Ungerecht ist ein Krieg, welcher
aufgrund von Zorn (Raserei) und nicht aufgrund legitimer
rationaler Erwägungen begonnen wird.

Textquelle Q 5:
Marcus Tullius Cicero: de off., 1, 34ff

In der seinem Sohn Marcus gewidmeten Schrift *De officiis*[42] geht
Cicero ausführlicher auf das *ius belli* (Kriegsrecht) und die
Vermeidung von Gewalt und Krieg ein:

---

[40] Isidorus v. Sevilla (Heiliger Isidorus), (560-636 n. Chr.), verfasste um ca. 620 die *Etymologiae (sive origines)* als zwanzigbändige Enzyklopädie der Antike. Die Ergänzungen zu Ciceros *De re publica* sind zitiert nach einem Lektüreprojekt zum Thema „Bellum iustum – der gerechte Krieg" des Landesbildungsservers Baden-Würtemberg, https//www.schule-bw.de> latein > texte-und-medien.

[41] Die genauere Differenzierung der Kriege, von denen es vier Arten gebe, obwohl hier scheinbar nur drei aufgeführt werden, erfolgt etwas später. Isidorus nennt also zwei Typen des gerechten Krieges, i. e. der angekündigte Krieg zur Wiedererlangung von Besitz, der unrechtmäßig genommen wurde (*de rebus repetitis*) und zur Selbstverteidigung (*propulsandorum hostium causa*). Zwei Arten des ungerechten Krieges werden benannt: der „normale" Bürgerkrieg und der unter nahen Verwandten, hierfür wird das „*bellum civile*" Caesars gegen Pompeius als Beispiel benannt. Später gibt es eine ebenfalls differenzierte Darstellung unterschiedlicher, nach außen gerichteten Kriegshandlungen.

[42] Das Werk „De officiis" gehört zu Ciceros philosophischem Spätwerk. Es entstand im 3. römischen Bürgerkrieg nach Cäsars Ermordung, ca. Oktober bis Ende 44 v. Chr., und ist in Briefform an seinen Sohn Marcus gerichtet. Es behandelt im 1. Buch „ehrenhaftes" Verhalten, im 2. nützliche Pflichten und im 3. Buch Situationen, in denen diese miteinander in Konflikt geraten können.

Atque in re publica maxime conservanda sunt iura belli.
Nam cum sint duo genera decertandi,
unum per disceptationem, alterum per vim,
cumque illud proprium sit hominis,
hoc beluarum, confugiendum est ad posterius,
si uti non licet superiore.

Und in der Politik ist das Kriegsrecht besonders zu beachten.
Denn da es zwei Arten von Konfliktlösung gibt – eine mittels
Verhandlung und eine mittels Gewaltanwendung – und da
erstere spezifisch für den Menschen ist, die zweite für wilde
Tiere, muss man Zuflucht zur letzteren [Gewaltanwendung]
dann nehmen, wenn es nicht möglich ist, die erstgenannte
[Verhandlung] anzuwenden.

de off. 1, 35
Cicero mahnt seinen Leser eindringlich, dass Krieg nur als
ein letztes Mittel erlaubt sei, um „ohne Unrecht in Frieden zu
leben":
> *Quare suscipienda quidem bella sunt o beam causam,*
> *ut sine iniuriis in pace vivatur,*
> *parta autem victoria conservandi ii,*
> *qui non crudeles in bello,*
> *non immanes fuerunt.[...]*

Deshalb darf man Krieg zwar auf sich nehmen zu dem Zweck,
dass man ohne Unrecht im Frieden lebt,
nach Erringung des Sieges aber sind diejenigen
zu begnadigen, die im Krieg nicht grausam und
nicht unmenschlich waren.

> *Mea quidem sententia paci,*
> *quae nihil habitura sit insidiarum,*
> *semper est consulendum.*

Meiner Meinung nach (freilich) muss man sich immer um
einen Frieden bemühen, von dem zu erwarten ist, dass er
keine Heimtücke beinhaltet.

Cicero kritisiert an dieser Stelle, dass der römische Staat zum Zeitpunkt der Abfassung von *De officiis* durch die Bürgerkriege und Caesars Diktatur vollständig zugrunde gerichtet worden sei.

> *In quo si mihi esset obtemperatum, si non optimam,*
> *at aliquam rem publicam, quae nunc nulla est, haberemus.*

> Wäre man mir in diesem Punkte gefolgt, hätten wir nicht den besten, so doch wenigstens überhaupt einen Staat – der jetzt gar nicht besteht.

de off. 1, 36
Abschließend appelliert Cicero noch einmal an die bereits bereits mehrfach dargelegten Rechtsgrundsätze zur Berechtigung, einen Krieg zu führen. Dazu verweist er auf das römische Fetialrecht.[43]

> *Ac belli quidem aequitas sanctissime fetiali populi Romani*
> *iure perscripta est.*
> *Ex quo intellegi potest, nullum bellum esse iustum,*
> *nisi quod aut rebus repetitis geratur, aut denuntiatum*
> *ante sit et indictum.*

> Die Gerechtigkeit im Krieg ist jedenfalls aufs Unverletztlichste

---

[43] vgl. 1.3.2.2; dazu erläutert Alfons Bürge (Bulletin 100/2022 des Schweizerischen Altphilologenverbandes) in seinem Artikel *„Bellum iustum in Rom“*: „Der Begriff des *bellum iustum* ist in der römischen Tradition eng mit dem Priestertum der Fetialen verknüpft Zur Kriegserklärung geht ein Fetiale als *pater patratus* hin zum anderen Volk und fordert an der Grenze, dann bei der ersten Begegnung mit einem Bürger des feindlichen Volkes, später beim Durchschreiten des Stadttores und schließlich auf dem Marktplatz unter Eid in feierlichen Worten *rerum repetitio* – Rückgabe der (geraubten) Sachen oder Ausliefern der Schuldigen. Dem andern Volk wird eine Bedenkfrist von dreißig Tagen eingeräumt, widersetzt es sich der Forderung, beschwört der Fetiale dessen Verhalten und ruft Juppiter als Zeugen dafür an, bezeichnet das andere Volk als *iniustus* und stellt die Beratung des Falles durch die römischen Autoritäten in Aussicht. Nach seiner Rückkehr berät der Senat und beschließt das Volk: *senatus censet, populus iubet.* Lautet der Beschluss auf Krieg, so führt der Fetiale mit einer in Blut getauchten Lanze wiederum unter rituellen Formeln den ersten Speerwurf ins feindliche Land aus. Das ist ein formales Vorgehen, dessen Parallelen zur alten Form des Zivilprozesses der *legis actio sacramento in rem* evident ist. Da wie dort wird keine Entscheidung darüber getroffen, wessen Sache im Recht ist. Es wird lediglich der Gang des Verfahrens eröffnet, das letztlich zu einer Entscheidung im Prozess führt.“

im Fetialrecht des römischen Volkes festgeschrieben.
Aufgrund dieses Rechts kann man nachvollziehen,
dass es keinen gerechten Krieg gibt außer dem,
der entweder für Schadensersatz geführt wird
oder der zuvor angekündigt wird.

Cicero mahnt weiterhin zu maßvollem Umgang mit unterlegenen
Gegnern, zu fairem Verhalten im Kampf und zur Begrenzung aller
Kriege auf das Unvermeidliche zu einer möglichst schnellen und
dauerhaften Wiedererlangung des Friedens.

2.3.2 Cassandra Rempel:
Philosophische Einflüsse auf Ciceros *bellum iustum*-Theorie[44]

Ciceros staatsphilosophische Werke und besonders die Idee des
bellum iustum lassen sich auf unterschiedliche griechische Philosophen zurückführen, darunter vor allem auf den Schüler des
Sokrates und Gründer der athenischen Schule der Akademie,
Platon (428/427-348/347 v. Chr.), den Universalgelehrten und
Gründer des Peripatos, Aristoteles von Stageira (384-322 v. Chr.)
und auf die ältere und mittleren Stoa[45].
Alle drei philosophischen Schulen – obgleich miteinander in Konkurrenz – beziehen sich auf den anerkannten Wertekatalog der Kar-
dinaltugenden. Die Tugend der *dikaiosyne* , lateinisch *iustitia*
(Gerechtigkeit), wird von allen als ausschlaggebend für die Frage
nach der Berechtigung von Kriegen anerkannt.

Platons staatsphilosophisches Werk *Politeia* (um 375 v. Chr.
entstanden) stellt ein Pendant zu Ciceros *De re publica* dar. Im
Mittelpunkt steht Platons Theorie der „Harmonie", die besagt, dass
sich jede Seele von Gerechtigkeit und vernünftiger Besonnenheit
(agriech. *sophrosyne* – lat. *moderatio*) leiten lassen solle; daraus
resultiere eine vernünftige, alle Einzelinteressen ausgleichende
Innenpolitik im Staat. Die erzielte Harmonie wirke sich - soweit der
Staat in einer *gerechten* Verfassung ist – auch auf die Außenpolitik
aus. Konflikte sollen im Allgemeinen vermieden oder auf *gerechte*
Weise gelöst werden. Krieg sei nur dann legitim, wenn die *gerechte*
Ordnung des Staates verteidigt würde; er sei illegitim, wenn er aus
Eroberungssucht entstehe. Voraussetzungen für einen legitimen
Krieg sind nach Platon:

1. Gewaltsame Verteidigung, Nothilfe
2. Nur Philosophen (Tugendwächter) dürfen einen *gerechten*
   Verteidigungsfall feststellen
3. Die Versklavung und Beraubung von Kriegsgefangenen ist
   nicht gestattet.

---

[44] gekürzte und überarbeitete Fassung einer Powerpointpräsentation der Schülerin
[45] Stoa, griechische Philosophenschule in Athen, um 300 v. Chr. von Zenon v. Kition in Konkurrenz zu
Epikurs „Garten" in Athen gegründet. Cicero gilt neben Seneca als Vertreter der jüngeren Stoa.

4. Das Land des Gegners muss verschont werden, nur der Schuldige (der Angreifer) selbst soll bestraft werden.
5. Im Falle eines Angriffskrieges durch andere Mächte ist ein Sieg zur Herstellung von gerechtem Frieden und zur Vernichtung der Feinde erlaubt.
6. Nicht alle Kriegsformen sind akzeptabel, so kein Expansions- und Angriffskrieg aus Habgier.

Aristoteles, der in ethischer Hinsicht die *Eudaimonia* (Glückseligkeit) als höchstes Lebensziel ansieht und Gerechtigkeit ohne Barmherzigkeit als Grausamkeit bezeichnet, gilt auch als „Erfinder" des Wortes vom „gerechten Krieg" (agriech. *polemos dikaios*). In seinem Werk *Politeia*[46] definiert er *gerechten* Krieg als naturgegeben:

> „Wenn nun die Natur nichts unvollkommen und nichts zwecklos macht, so [muss] die Natur all dies um der Menschen willen gemacht haben. Darum ist auch die Kriegskunst von Natur eine Art von Erwerbskunst [...], die man anwenden [muss] gegen die Tiere und gegen jene Menschen, die von Natur aus zum Dienen bestimmt sind und dies doch nicht tun wollen. Denn ein solcher Krieg ist von Natur gerecht."

Ein *gerechter* Krieg sei demnach entweder ein Krieg zur Verteidigung eines legitimen Staates oder ein Krieg von Völkern, die kulturell zur Führung anderer Völker befähigt seien (Griechen) gegen solche, die zur Gefolgschaft bestimmt seien (Barbaren). Diese Disktinktion von sogen. „Herrenmenschen" und „Sklaven" oder „Tieren" hat – aufgrund der unangreifbar erscheinenden Autorität des Aristoteles – von der Legitimation des römischen Imperialismus, über mittelalterliche Kreuzzüge, Unterdrückung der indigenen Bevölkerung in Mittel- und Südamerika durch die spanische Conquista bis zur Judenverfolgung im Nationalsozialismus und Völkermorden der Gegenwart ihre allzu bekannten Folgen gehabt. Cicero teilt Aristoteles' Ansicht allerdings nicht. Er folgt vielmehr teilweise Platon und vor allem den Stoikern. Die von Zenon von Kition um 300 in Athen gegründete Schule der *Stoa* („Wandelhalle")

---

[46] Aristoteles: Politeia, 1256b, 2003

nennt als höchste Maxime der Ethik in Übereinstimmung mit sich selbst und mit der Natur zu leben. Sie sieht als Lebensziel eines *vir sapiens* (eines „weisen" Mannes) die *Ataraxia* (wörtlich: das durch Leidenschaften nicht Verwirrtsein) und *Autarkeia* (Unabhängigkeit, Selbstbestimmtheit) an, die mittels der bekannten Tugenden (Besonnenheit, Mäßigung, Mut, Gerechtigkeit, Frömmigkeit) im Dienst für den Staat (für das Gemeinwohl) erreicht werden.
Die Stoiker, die schon den Gedanken der „Weltgemeinschaft" (*koinonia*) kannten, fordern mit der Idee des Weltfriedens den Verzicht auf jegliche Gewalt oder Kriege, abgesehen von Verteidigungsfällen aufgrund von Rechtsverletzungen.

Cicero kombiniert in *De re publica* weitgehend stoisches und akademisches Denken, von Aristoteles übernimmt er formale Merkmale und die Unterscheidung der Verfassungen.
Anläßlich einer „Philosophengesandtschaft" aus Athen im Jahr 155 v. Chr. brachte der akademische Philosoph Karneades[47] das Thema der Legitimierung von Krieg in Rom zur Sprache:
„In voller Schärfe entbrennt die Frage, ob und unter welchen Umständen Kriege als gerechtfertigt anzusehen seien, in der Zeit der römischen Eroberung des Mittelmeerraumes und der dadurch ausgelösten Auseinandersetzung Roms mit dem kulturell überlegenen Griechentum."[48] Während die Römer, die auf einen Höhepunkt ihrer Expansionspolitik im Mittelmeerraum zusteuerten, bisher nur nach traditionellem Fetialrecht die formell korrekte sakrale Eröffnung eines Krieges als rechtmäßige Legitimation eines Krieges betrachteten, provoziert sie Karneades mit dem Ausdruck *„legitime iniurias facere"* („rechtmäßig Unrecht tun") und fordert, sie sollten sich – wollten sie tatsächlich als *gerecht* Handelnde anerkannt werden – wieder auf ihre Hütten auf dem Palatin zurückziehen. Cicero lässt seine Diskussionsteilnehmer in *De re publica* über eine Karneadesrede sprechen und übt so implizit Kritik an der Expansionspolitik Caesars.

---

[47] Karneades von Kyrene (214/213-129/128 v. Chr., hellenistischer Philosoph, Leiter der platonischen Akademie in Athen, unternahm 155 v. Chr. die sogen. „Philosophengesandschaft" nach Rom. «http://www.ewetel.net/~martin.bode/belliust.htm>, zuletzt geändert: 2006-03-02

Zusammengefasst besteht der griechische Einfluss der benannten philosophischen Denktraditionen auf Ciceros *bellum iustum*-Theorie in den folgenden Punkten:

⇒ Es gibt eine Pflicht des Einzelnen, Gerechtigkeit im privaten und im öffentlichen Leben wiederherzustellen und zu wahren, auch wenn ihm Unrecht geschieht.

⇒ Die Staaten (die verantwortlichen Politker) dürfen Konflikte um konkurrierende Rechtsansprüche erst dann gewaltsam angehen, wenn eine zivile Auseinandersetzung (*disceptatio*) gescheitert ist.

⇒ Krieg muss – nach sakralen und ethischen Grundsätzen – formell korrekt angekündigt (*denuntiatio*) und erklärt (*indicatio*) werden.

⇒ Gerechte Kriegsgründe sind:
die Vertreibung von Feinden als Selbstverteidigung bzw. als Nothilfe für andere; die Wiederherstellung des verletzten Rechtszustands (*restitutio*) und Wiedergutmachung (*repetitio*); Rache bzw. Strafe für erlittenes Unrecht.

⇒ Schuldige müssen von den anderen Beteiligten (der Menge) separiert werden.

⇒ Krieg ist und bleibt ein äußerstes Mittel zur möglichst schnellen und Menschenleben schonenden Wiederherstellung von Frieden, Freiheit und Gerechtkeit.

2.3.3 Caesars *Bellum Gallicum* als Beispiel eines *bellum iustum* oder *bellum iniustum*? (Gero Wittner)

Caesars *Commentarii de bello Gallici* aus den Jahren 58-51 v. Chr. dokumentierten in acht Büchern (sieben von ihm selbst, eines von Hirtius verfasst) dem römischen Senat und dem römischen Volk die scheinbare Legitimität der über acht Jahre fortgesetzten Tätigkeit Caesars in Gallien. Zum Prokonsul der Provinzen *Gallia Narbonnensis* und *Illyricum* offiziell für ein Jahr benannt, erfährt Caesar angeblich erst im Jahr 58 v. Chr. von den Auswanderungsplänen des helvetischen Volkes, wie im ersten Buch (*Bellum Helveticum*) ausführlich dargestellt. Als römischer Statthalter hat er die Pflicht, Schaden vom römischen Volk und dessen Verbündeten abzuwehren. Er begegnet daher bei seinem Eintreffen in der Provinz (b. G. 1, 7) dem Ansinnen der Helvetier, mit dem gesamten Volk durch das Gebiet der mit Rom verbündeten Sequaner und Haeduer ins Gebiet der Santonen zu ziehen, eindeutig ablehnend (vgl. b. G. 1, 8). Um die Rekrutierung von Truppen und das militärische Eingreifen im Sinne eines *bellum iustum* vor dem Senat zu rechtfertigen, erläutert Caesar sehr sorgfältig den Beginn des Krieges. Er behauptet zunächst, die Helvetier seien neben den Germanen die gefährlichsten Gegner in unmittelbarer Nähe der gallischen Provinz (b. G. 1, 1); er baut die Legende vom Auszug der Helvetier einerseits auf die Parallele zum Germaneneinfall der Kimbern und Teutonen zu Beginn des 1. Jahrhunderts, andererseits auf die dramatischen Verhältnisse um den Stammenfürsten Orgetorix und dessen plötzlichen Tod (b. G. 1, 3f.) auf; er legitimiert sein aktuelles Vorgehen (Rekrutierung von Truppen ohne direkten Auftrag des Senats) durch „Gefahr im Verzug" aufgrund der helvetischen Verwüstungen der Gebiete der Häduer beim ersten Durchzugsversuch durch die provinznahen Gebiete. Desweiteren verhält er sich formell korrekt, indem er sich an Absprachen hält, den Hel-vetiern ein *amicitia*-Bündnis anbietet (b. G. 1, 13ff) und sogar einen Friedensschluss (vgl. b. G. 1, 14, 6) in Aussicht stellt, bei Verstößen aber mit militärischer Intervention droht. Caesar erscheint als sachlich-neutraler Beobachter einer eskalierenden Situation, der sich in seiner Funktion als Prokonsul gezwungen sieht, eine Ausweitung kriegerischer Handlungen eines barbarischen Volkes gegen römische Ordnung und zu verhindern. Die *iustae belli causae* seien also formell gegeben, meint Sigrid Albert:

> „Zum einen wird die schon im ius fetiale festgelegte
> Genugtuungsforderung für begangenes Unrecht
> ausgesprochen, deren Ablehnung allein schon einen Krieg
> rechtfertigt. Weiterhin wird mehrere Male auf die Bedrohung
> der Bundesgenossen und deren Hilfegesuche hingewiesen,
> denen nachzukommen eine Verpflichtung für die Römer
> war, und schließlich muß, da nach Caesars Angaben die
> Helvetier sich gewaltsam einen Weg durch die Provinz
> zu erzwingen suchten, ein direkter Angriff auf das römische

Imperium abgewehrt werden."[49]

Anders beurteilt Gerold Walser[50] Caesars Darstellung als gezielte
Manipulation des römischen Lesers aus persönlichem Machtstreben
mittels imperialistischer Expansionspolitik. Galliens Eroberung
durch Caesar widersprach faktisch römischer Rechtsauffassung.
Walser entlarvt Caesars vermeintlich sachliche *Commentarii* als
gezielt polemisierend (wie beispielsweise bei der Darstellung der
Figuren Orgetorix und Dumnorix, aber auch allgemein der Helvetier), als manipulativ und strategisch durch irritierende und
gezielt falsche geographische Angaben, durch falsche oder gezielt
aufgebauschte Berichte von Rechtsverletzungen der Gegner, die als
Barbaren einem Klischee des sog. *furor Teutonicus* der Römer
entsprachen. Formaljuristisch stellt der Beginn des *Bellum Gallicum*
ein Beispiel eines *bellum iustum* dar, das *ius ad bellum* (Recht auf
Krieg) wird durch die Verlängerung des Prokonsulats vom Senat
bestätigt. Tatsächlich weitet Caesar aber diesen ersten militärischen
Einsatz zur Abwehr von Schaden (*prima iusta causa belli*) von der
römischen Provinz und ihrer Verbündeter und zur Wiedergutmachung von Rechtsverletzungen (*secunda iusta causa belli*) zu einer
Vernichtungsschlacht gegen ganze Völker aus. Nach Rückführung
der Helvetier in ihre angestammten Gebiete hat nur etwa ein Drittel
der Bevölkerung den Krieg überlebt, unter den Opfern gab es auch
entsprechend viele Zivilisten, Frauen, Kinder, Alte. Damit verstößt
Caesar gegen das *ius in bello* (die Einhaltung der Kriegführungs-
regeln), den Schutz der Zivilbevölkerung und die Verhinderung
von Kriegsverbrechen.

Caesars in den Jahren 57-51 v. Chr. vorgenommene taktische
Ausweitung des gallischen Krieges durch immer neue Bedro-
hungsszenarien, die vom römischen Senat 51 v. Chr. mit Caesars
Rückberufung nach Rom beendet werden sollte, mündet letzten
Endes in den Bürgerkrieg, der sogar nach antiker Vorstellung als
bellum iniustum zu bezeichnen ist.

---

[49] Sigrid Albert: Bellum iustum, 1980, S. 26
[50] Gerold Walser: Bellum Helveticum, 1998

2.3.4 Tim Fuhrmann:
Der *bellum iustum*-Begriff im historischen Überblick bis heute

Die nach antikem Vorbild von Platon, Aristoteles, der Stoa und
ganz besonders Marcus Tullius Cicero in der christlichen Spätantike
(Augustinus) und im Mittelalter weiterentwickelte Lehre des
gerechten Krieges (*doctrina belli iusti*[51]) bezieht sich ursprünglich nur
auf Kriege oder bewaffnete Konflikte zwischen zwei oder mehreren
Parteien, Gemeinwesen oder Staaten. Ein Krieg gilt nur dann als
legitim, wenn er bestimmten Anforderungen genügt: Das Recht
zum Krieg (*ius ad bellum*) und die Kriegserklärung (*declaratio belli*)
sind dabei nur einer rechtmäßigen Autorität (in der Regel dem
Staatsoberhaupt) vorbehalten, die den Krieg aus bestimmten
gerechten Gründen (oder *legitimerenden Gründen*, den *iustae belli
causae*) mit klar definierten Absichten und Zielsetzungen führt. Die
Wiederherstellung der friedlichen Verhältnisse und ein dauerhafter
Friede sind das wichtigste Ziel eines *bellum iustum*.

Darüber hinaus sind die Einhaltung bestimmter
Kriegsführungsregeln (*ius in bello*) zur Verhältnismäßigkeit im
Krieg, zur Verhinderung unmäßiger Grausamkeit sowie besonders
zum Schutz der Zivilbevölkerung ebenso völkerrechtlich geregelt
wie der Umgang mit Kriegsgefangenen nach Beendigung des
Krieges (*ius post bellum*).

Seit dem späten 16. Jahrhundert entwickelte sich das neuzeit-
liche Kriegsvölkerrecht, das sich von der antiken Idee des *bellum
iustum* darin unterschied, dass beide Kriegsparteien einen formell
gerechten Grund zur Kriegsführung angeben konnten. In der frühen
Moderne wurde das Kriegsrecht vertraglich fixiert. Nach moder-
nem Völkerrecht (ab 1928) gilt jeder Angriffskrieg als moralisch
nicht gerechtfertigt und damit als zu ächten. Lediglich „militärische
Sanktionen" zum Zweck der Friedenssicherung, die von den
Vereinten Nationen als humanitäre Interventionen zum Schutz von
Menschen in menschenrechtlichen Notlagen zu verstehen sind,
dürfen als Beispiele von gerechtfertigter Kriegführung gelten und
auch dies nicht uneingeschränkt.

Als ein bekanntes Beispiel eines *bellum iniustum* der Gegenwart nach 1945 darf der Vietnamkrieg (1955-1975) gelten, der bis zur Kapitulation Nordvietnams ca. 950.000 militärische und 350.000 zivile Todesopfer forderte. Der von den USA nicht offiziell erklärte Krieg gilt als „militärische Intervention aus strategischen und politisch motivierten Interessen". Auch gibt es etliche Berichte über Verstöße gegen das Kriegsrecht, Kriegsverbrechen gegen die Zivilbevölkerung und den Einsatz durch die Genfer Konvention geächteter Waffen (Napalmbomben).

Am Ende des Zweiten Weltkriegs, der, bezogen auf Hitler-Deutschland und seine Verbündeten, als *bellum iniustum* par exellence und verheerendster Krieg des 20. Jahrhunderts einzustufen ist, entstand mit dem Abwurf der Atombomben über Hiroshima und Nagasaki eine neue Form der Bedrohung mit dem Ziel der Vernichtung der gesamten Menschheit.

Die Vereinten Nationen (VN) setzten sich seit 1945 als weltweit anerkannte völkerrechtliche Instanz zum Ziel,

> „den Weltfrieden und die internationale Sicherheit zu wahren und zu diesem Zweck wirksame Kollektivmaßnahmen zu treffen, um Bedrohungen des Friedens zu verhüten und zu beseitigen, Angriffshandlungen und andere Friedensbrüche zu unterdrücken und internationale Streitigkeiten oder Situa-tionen, die zu einem Friedensbruch führen könnten, durch friedliche Mittel nach den Grundsätzen der Gerechtigkeit und des Völkerrechts zu bereinigen oder beizulegen."[52]

Seit dem Ende des Zweiten Weltkriegs haben die VN mit dem Gewaltverbot (Art. I, 2, 4) sämtliche Kriegshandlungen für völkerrechtswidrig erklärt.

Die antike Theorie vom *bellum iustum* – die den Frieden sichern oder möglichst schnell wiederherstellen wollte – ist in der Vergangenheit von Staaten oder Autokraten zur Rechtfertigung von Gewalt und Krieg immer wieder missbraucht worden. Der US-Philosoph LeRoy Walters stellte an Fallbeispielen aktueller Kriege des 20. Jahrhun-derts (1974) fest, dass „alle Theoretiker die Kategorien vom

---

[52] Charta der Vereinten Nationen, Art. I, 1

gerechten Krieg dazu benutzten, um zu beweisen, dass ihr eigenes Land einen gerechten Krieg führe"[53]. Dies gilt natürlich auch für aktuelle Konflikte und Kriege wie den russisch-ukrainischen Krieg seit 2014 und den aktuellen Nahostkonflikt seit Oktober 2023.

> „Vordem entstanden Kriege aus dem Willen zur Entfaltung, Sicherung und Erweiterung von Macht und aus den falschen Beurteilungen der Lage und der Intention von Rivalen - zudem wohl auch aus dem Verlangen nach der Erfahrung einer Steigerung des Lebensgefühls und der Mobilisierung von hoch organisierten Menschenmassen zum Extrem. Nun aber scheint der Krieg selbst nur noch als ein Unfall globalen Ausmaßes beschrieben werden zu können."[54]

Abschließend lässt sich feststellen, dass sich die Struktur, das Ausmaß sowie die Mittel von Kriegsführung seit der Antike gewaltig verändert haben. Krieg ist heute nicht mehr ein deklarierter Waffengang zwischen zwei sich streitenden Parteien zur Wiederhestellung von Frieden oder Wiedergutmachung von Unrecht, er ist asymmetrisch, nachhaltig und allgegenwärtig geworden.

Das „Gleichgewicht des Schreckens", das bis in die 90er Jahre das Umschlagen des Kalten Krieges in einen nuklearen Weltkrieg verhindern sollte, ist angesichts der wachsenden Anzahl an Staaten und Potentaten im Besitz von Atomwaffen und „autonomen Waffensystemen" (KI) heute extrem gefährdet. Ein nuklearer Erstschlag aber dürfte jede Legitimation von Krieg ad absurdum führen.

---

[53] LeRoy Walters: *Historical Applications of the Just-War Theory: Four Case Studies in Normative Ethics.* In: *Love and Society: Essays in the Ethics of Paul Ramsey.* American Academy of Religion, Missoula, Montana 1974; zitiert nach Bernhard Häring: *Umrüsten zum Frieden,* 1983, S. 38.
[54] Dieter Henrich: Ethik zum nuklearen Frieden, Frankfurt a. Main 1990, S. 15

3 *Bellum civile – bellum iniustum* und die Folgen für die römische Republik

> *Hinc iam bellum civile successit exsecrandum et lacrimabile, quo praeter calamitates, quae in proeliis acciderunt, etiam populi Romani fortuna mutata est.*

> Hierauf folgte der verfluchens- und beweinenswerte Bürgerkrieg, durch den, abgesehen von den Unglücksfällen infolge der Schlachten, das gesamte Schicksal des römischen Volkes umgestaltet wurde.

> Eutropius: *Breviarium ab urbe condita*, VI, 19

Als Hinführung zur Caesar-Lektüre des ersten Halbjahrs hat der Kurs zunächst einen Auszug aus dem *Breviarium ab urbe condita* des Eutrop[55] gelesen und sich einen Überblick über Caesars Biografie sowie die historischen Ereignisse verschafft, die ab 49 v. Chr. zum Untergang der römischen Republik geführt haben.
Dazu folgte zunächst ein Referat über Caesars Werk *Bellum civile*. Im Zusammenhang mit unserem Jahrgangsthema *„Si vis pacem, para pacem"* war die politische Verbindung zwischen den zentralen Autoren Cicero und Caesar für den Kurs von Interesse.
Die umfangreichen Referate und Präsentationen der Schülerinnen und Schüler können an dieser Stelle nur in Zusammenfassungen dargeboten werden.

---

[55] Eutropius (gest. nach 390 n. Chr.), spätantiker Schriftsteller und römischer Beamter; verfasst um 369 n. Chr. das *Breviarium ab urbe condita*, eine kurzgefasste römische Geschichte von den Anfängen bis zu seiner Zeit in 10 Büchern, die als Schulbuch fungierte.

3.1 Nick Hofman/Yannick Schutzmeier:
C. Julius Caesar: *De bello civili* – Referat und Kommentar[56]

Neben der Beschäftigung mit dem *Bellum Gallicum* hat sich der
Grundkurs auch mit Caesars Kommentar zum *Bellum Civile*
aspektorientiert auseinandergesetzt.

Das vermutlich um das Jahr 48/47 v. Chr. entstandene, unvoll-
ständig erhaltene dreibändige Werk wurde größenteils von Gaius
Julius Caesar selbst verfasst und handelt vom ersten Bürgerkrieg,
den er gegen die römische Senatsmehrheit unter Führung seines
ehemaligen Schwiegersohns und größten Gegners, Gnaeus
Pompeius Magnus (106 v. - 48 v. Chr.), in den Jahren 49 v. - 45 v.
Chr. geführt hat. Ob das dreiteilige Werk während oder erst nach
dem Krieg abgefasst und von wem es beendet worden ist, bleibt bis
heute ungeklärt.

Bei der Übersetzung ausgewählter Textpassagen wird schnell die
rhetorische Brillanz Caesars klar.
Zum einen schreibt er im *Bellum Gallicum* wie im *Bellum civile* von
sich selbst ausschließlich in der dritten Person singular:
„Er selbst aber wolle an Gerechtigkeit und Mäßigung alle über-
ragen, ebenso wie er auch bestrebt gewesen sei, alle durch seine
militärischen Taten zu übertreffen.", b. C. 3, 91.
Zum anderen fällt seine sehr nüchterne Sprache auf. Dies erzeugt
den Eindruck einer (scheinbaren) Objektivität über die geschil-
derten Vorgänge, wie schon aus dem *Bellum Gallicum* bekannt.
Zwar thematisiert Caesar zu keinem Zeitpunkt seine eigenen
Gefühle, jedoch wird durch verschiedenste Beschreibungen
deutlich, dass eine ausgeprägte Subjektivität vorherrscht. Dem zu
Folge beschreibt er sich häufig als *gerecht* und *milde gegenüber seinen
Feinden* sowie als besonders *mutig*. Auch seine, aus seiner Sicht
hervorragenden, militärischen Fähigkeiten kommen dabei niemals
zu kurz. Seine Gegner dagegen, wie zum Beispiel Pompeius,
werden als *unentschlossen*, *feige* und *unterlegen* bezeichnet und

---

[56] Das Referat und der Kommentar basieren auf einer ausführlichen Präsentation von Nick Hofmann
und Yannick Schutzmeier. Die dazu verwendeten Quellen sind u. a. 1) C. Julius Caesar: De bello
civili, lat./dt., Stuttgart 2014, 2) Christian Meier: Caesar, Berlin, 1982, 3) Manfred Fuhrmann: Cicero
und die römische Republik. Eine Biografie, 4. Aufl., Düsseldorf und Zürich 1997

dargestellt, obwohl Pompeius Caesars Heer in Griechenland zunächst deutlich an Stärke und Taktik überlegen war. Caesar ist – wie aus dem *Bellum Gallicum* mehrfach bezeugt - darin geschult, eigene Niederlagen in Erfolge umzuwerten. All diese Techniken haben sich als nützlich erwiesen, den aus römischer Sicht als *bellum iniustum* besonders zu verurteilenden Bürgerkrieg für seine Propagandazwecke zu rechtfertigen und sich selbst als geeignete Führungsperson und potentiellen Herrscher Roms darzustellen Das scheint ihm sehr gut gelungen zu sein, da er zu seinen Lebzeiten sehr viele Menschen beeindrucken und von seiner Brillanz überzeugen konnte und sein Werk – nicht nur im Lateinunterricht – bis heute eine hohe (historische) Relevanz zu haben scheint.

Im ersten Buch des *Bellum Civile*, dessen Anfang verloren ist, wird aus Caesars Sicht beschrieben, wie der Konflikt zwischen den beiden machtgierigen Feldherren entstanden ist und welche Ursachen dem Kriegsausbruch im Januar 49 v. Chr. vorangegangen sind. Es beginnt mit der Senatssitzung am 1. Januar in Rom, in der es um Caesars Rückberufung aus Gallien und sein beantragtes zweites Konsulat geht, das der Senat – unterstützt durch Pompeius – unmissverständlich ablehnt. Am 10. Januar überschreitet Caesar mit seinen Legionen den Rubicon (die offizielle Grenze zwischen *Gallia cisalpina* und Italien) und löst damit formell den Bürgerkrieg aus.

Ein weiteres zentrales Thema im ersten Teil ist die Planung und Durchführung von Caesars Marsch auf Rom, nachdem er zuvor schon weitere Städte in Norditalien erfolgreich überfallen und eingenommen hat. Rom ergibt sich Caesars Truppen kampflos. Der gesamte Senat und römische Adel flieht aus Rom nach Griechenland (Dyrrachium). Caesar hatte Pompeius zunächst mehrfach Friedensangebote gemacht, die dieser aber ablehnte. Da Caesar keine eigene Flotte besaß, kehrte er nach Rom zurück, um den übrig gebliebenen Senatsmitgliedern eine gemeinsame Regierungsbildung anzubieten, was abgelehnt wurde. Es folgen nach dem Übersetzen Caesars nach Griechenland Berichte über erste Kämpfe in Thessalien, Makedonien, Achaia und Epirus mit wechselndem Kriegsglück. Auffällig ist, wie detailliert Caesar dabei von seinen militärischen Manövern berichtet und auch auf die politischen Entwicklungen eingeht, die ein solcher Konflikt, mitsamt seiner Schlachten und Eroberungen, mit sich bringt.

Im zweiten Buch weitet sich der Bürgerkrieg im Mittelmeerraum aus. Caesar, der nach Rom zurückgekehrt ist, verfolgt seine Gegner bis nach Spanien. Dabei schildert er ausführlich, wie er die pompejanischen Truppen besiegt. Auch hier werden wieder seine militärischen Fähigkeiten und Taktiken beleuchtet, um zu verdeutlichen, dass er ein Feldherr ist, der taktisch sehr flexible Kämpfer hat und somit für seine Gegner unberechenbar bleibt.

Das letzte Buch des *Bellum civile* konzentriert sich auf die Schlachten im Gebiet des östlichen und südlichen Mittelmeeres. Eine zentrale Rolle nimmt dabei die Schlacht von Pharsalos (48 v. Chr.) ein, die für Pompejus erfolglos verlief und sein Schicksal besiegelte. Pompeius floh nach Ägypten, wo er im Auftrag des Ptolemaios XIV., des Bruders und Mitregenten von Kleopatra VII., ermordet wurde. Im letzten Jahr des *Bellum civile* wird Caesar vom römischen Senat zum Diktator auf Lebenszeit ernannt und er beendet den Bürgerkrieg. Die römische *libera res publica* besteht nur noch auf dem Papier. Ob Caesar nun die Königswürde anstrebt oder nicht – mit der Diktatur Caesars ist für immer ein Wechsel von der römischen Demokratie zur Autokratie (in Form der Tyrannis) vollzogen.

An den Iden des März 45 v. Chr. wird Caesar infolge einer Verschwörung des Senats ermordet. Das Ende des ersten Bürgerkriegs und der Tyrannis des einen führt unmittelbar zum Ausbruch des nächsten Bürgerkrieges und der Alleinherrschaft des anderen: Octavian, Caesars Adoptivsohn, besiegt in den folgenden Jahren Caesars Mörder, entledigt sich seiner Konkurrenten und führt über den Principat (ab 27 v. Chr.) die Alleinherrschaft auf Dauer ein: er wird unter dem Namen Augustus der erste römische Kaiser.

3.2 Viviane Ens/Kim Schönefeldt/Leo Piron/Tilo Nettelstroth[57]: Das *amicitia* -Verhältnis zwischen Cicero und Caesar

Marcus Tullius Cicero (106 v.- 43 v.Chr.), als Sohn eines gleich-
namigen Ritters aus Arpinum zusammen mit seinem Bruder
Quintus in Rom aufgewachsen, galt unter den alten Patrizier-
familien und Anhängern der Optimaten Roms trotz eines gewissen
privaten Vermögens (u. a. auch von seiner ersten Frau Terentia),
trotz anerkannt großer rhetorischer und schriftstellerischer Begabung in politischer Hinsicht zeit Lebens als *homo novus*, als ein
Emporkömmling.
Seine in kürzester Zeit absolvierte Ämterlaufbahn (*cursus honorum;*
jedes Amt musste *suo anno*, in der vorgeschriebenen Mindestzeit,
erreicht werden) und seine schonungslose Verteidigung der *libera
res publica* gegen die Verschwörung um L. Sergius Catilina in seinem Konsulatsjahr 63 v. Chr. reichten den Römern nicht für eine
angemessenen Anerkennung von Ciceros politischen Leistungen.
Mit Caesar, der als Mitglied der römischen *Nobilitas* neben einer
gleichfalls kurzen Ämterlaufbahn vor allem militärische Erfolge in
Spanien und Gallien verzeichnete, verband Cicero ein *amicitia*-
Verhältnis, das nicht mit Freundschaft im privaten Sinne
verwechselt werden darf.

Caesar ist Cicero anfangs sympathisch – er lobt die Eroberungszüge
in Gallien, will ihn aus der popularischen Ecke wieder zu den
konservativen Optimaten bringen –, andererseits distanziert sich der
republikanisch gesonnene Demokrat Cicero zunehmend von
Caesars Machtgier. Als Caesar 60 v. Chr. Cicero für das erste
Triumvirat[58] als Mitglied gewinnen will, lehnt Cicero diese nicht-
demokratische Form der Machtverteilung strikt ab. Durch den
Bona-Skandal[59] 62 v. Chr. machte sich Cicero den Volkstribunen

---

[57] Der nachfolgende Beitrag setzt sich zusammen aus einem ausführlichen Cicero-Portfolio von
Viviane Ens, Leo Piron und Kim Schönefeldt und einem Beitrag von Tilo Nettelstroht zum *amicitia*-
Verhältnis zwischen Cicero und Caesar.

[58] Das erste Triumvirat (60 v. Chr.) bestand aus Caesar, Pompeius und Crassus; sie „teilten" sich
gewissermaßen inoffiziell das römische Reich als Machtbezirk auf. Dieser inoffizielle Dreimännerpakt
wurde 56 v. Chr. noch einmal verlängert. Mit dem Tod von Crassus, dem Zerwürfnis zischen Caesar
und seinem Schwiegersohn Pompeius endete das Triumvirat.

[59] Bona-Dea-Skandal: Im Jahr 62 v. Chr. kam es aufgrund des durch den Volkstribun Clodius Pulcher
ausgelösten Vorfall beim Fest der Bona dea, bei dem nur Frauen als Teilnehmerinnen zugelassen

Clodius zum Feind, der ihn im Jahr 58 v. Chr. durch ein eigens zu diesem Zweck erlassenes Gesetz wegen der Hinrichtung der Catilinarier zum Ende seines Konsulats in die Verbannung schickte. Caesars Intervention verdankt Cicero seine Rückkehr. Zwischen beiden ist auch von Schulden die Rede, die Cicero bei Caesar gehabt haben soll, von wechselseitiger Anerkennung und Kritik, aber nicht eigentlich von Freundschaft. *Amicitia* ist und bleibt – wie oben erläutert – ein Zweckbündnis, zwischen Individuen ebenso wie zwischen Staaten.

Seit dem Bürgerkrieg (49 v. Chr- 45 v. Chr.) wendet sich Cicero vollständig von Caesar ab, er flieht mit Pompeius und dem Senat nach Griechenland. Caesars Versuche, ihn doch noch zur Gefolgschaft zu überreden, scheitern an Ciceros moralischer Standhaftigkeit im Einsatz für Frieden, Freiheit und Gerechtigkeit:

> „Cicero hielt den Krieg für vermeidbar. Er sah in ihm die Ausgeburt entfesselter Kampfeswut, und zwar auf beiden Seiten. Seine Friedensbemühungen, schreibt er Anfang Januar[60] (...) seien durch die Leidenschaftlichkeit bestimmter Leute zunichte gemacht worden: es gebe auf beiden Seiten Kriegstreiber."

Manfred Fuhrmann zitiert weiter aus Ciceros Brief an an seinen Sekretär Tiro:

> „Ich selbst habe, sobald ich vor der Stadt [Rom] ankam, unablässig alle meine Gedanken, Worte und Handlungen darauf gerichtet, den Frieden zu retten; doch eine seltsame Raserei hatte nicht nur die Übelgesinnten erfaßt, sondern auch diejenigen, die als die Rechtgesinnten gelten:
> sie wollten unbedingt kämpfen, obwohl ich schrie, nichts sei elender als ein Bürgerkrieg."[61]

---

waren, zur Scheidung von Caesar und seiner Frau Pompeia. Clodius hatte sich als Frau verkleidet, um seiner Geliebten und Gastgeberin, der Frau Caesars, nahe zu sein.
Cicero verurteilte öffentlich Clodius' Handlung.
[60] Der Brief datiert vom 10. Januar 49 v. Chr. an seinen Sekretär Tiro.
[61] Manfred Fuhrmann: Cicero und die römische Republik. Eine Biographie, Artemis und Winkler, 4. Aufl. Düsseldorf/Zürich 1997, S. 188f

Caesar nennt er einen Wahnsinnigen, ein Tier, einen zweiten
Hannibal. Er gibt ihm die eigentliche Schuld am Krieg, den „nicht
Bürgerzwietracht, sondern der Übermut eines einzigen
verworfenen Bürgers hervorgerufen" habe:[62]

> „Dieser wahnwitzige, elende Mensch, der nie einen Schatten
> des Schönen und Guten gesehen hat! Und da sagt er, er
> tue das alles seiner Würde wegen. Doch wo ist Würde,
> wo nicht auch Ehrenhaftigkeit ist? Ist es nun aber ehrenhaft,
> ohne Ermächtigung durch die Regierung ein Heer zu haben,
> Bürgerstädte zu besetzen, um sich den gewaltsamen Zugang
> zum Vaterland zu erleichtern, Schuldenerlaß, die Rück-
> berufung der Verbannten und tausend andere Freveltaten ins
> Werk zu setzen,
> die größte Gottheit, die Tyrannis, zu erringen?"

Caesar lässt Cicero dennoch – wie so viele andere auch - nach
seinem Sieg über die Pompejaner begnadigen und Cicero darf
schon 47 v. Chr. nach Rom zurückkehren, allerdings nur ins
Privatleben; politisch ist er kaltgestellt. Sein Dank an Caesar fällt
etwas zweideutig aus: In der im September gehaltenen Rede *Pro
Marcello* setzt sich Cicero für eine Begnadigung des ehemaligen
Caesar-Gegners ein. Cicero beginnt seine Rede damit, dass er
Caesars sprichwörtliche *clementia* (Milde) als fast göttliche Weisheit
preist. Die Begnadigung eines wichtigen politischen Gegners sei
eine für den Staat entscheidende politische Wende zurück zu einer
demokratischen *libera res publica*, die durch den Bürgerkrieg schon
gänzlich verloren schien. Er appelliert an Caesars *humanitas*, die in
Zukunft seine militärischen Erfolge in den Schatten stellen würde.
Doch irrt er sich vollständig: Caesar lässt Marcellus nach dessen
Rückkehr aus dem Exil ermorden.
Cicero zieht sich bis zu Caesars Tod aus der Politik zurück, lebt
weitgehend auf seinen Landgütern. Die aufgezwungene Muße füllt
er mit philosophischer Schriftstellerei, die ihm nach der Scheidung
von Terentia und dem Tod seiner Tochter Tullia Halt bietet. Ciceros
unverhohlene Freude über den Tod des Tyrannen, die Hoffnung
auf Wiederherstellung der alten Republik, weicht angesichts neuer

---

[62] Att. 7, 11, 1, zitiert nach Manfred Fuhrmann, Cicero und die römische Republik, S. 189

Bürgerkriege und Machtkämpfe um die Caesar-Nachfolge der Resignation.

3.3 Jonah Arlitt, Max Lorenz, Enes Özerdem: Caesar als Prototyp des „smarten Diktators"[63]

Die amerikanische Historikerin und Journalistin Anne Applebaum[64] beschreibt in ihrem 2022 erschienenen Buch „Die Verlockung des Autoritären. Warum antidemokratische Herrschaft so populär geworden ist" eine deutliche Parallele zwischen den gegenwärtigen gesellschaftlichen Trends zu neuen autokratischen Systemen, zu offener oder „smarter Diktatur", in vielen ehemals demokratischen Staaten in und außerhalb Europas und der Anziehungskraft antiker Autokratien wie der Diktatur Caesars.

> „Die bloße Existenz von Menschen mit einer Schwäche für Demagogen oder Diktaturen ist noch keine Erklärung für den Erfolg der Demagogen. Diktatoren wollen herrschen, doch wie erreichen sie den empfänglichen Teil der Öffentlichkeit? […] Im alten Rom ließ Caesar mannigfaltige Büsten von sich anfertigen. Autokraten von heute beauftragen die modernen Pendants der alten Bildhauer: Autoren, Intellektuelle, Pamphletschreiber, Blogger, Meinungsmacher, Fernsehproduzenten und Memeschöpfer, die der Öffentlichkeit ihr Bild verkaufen. Autokraten brauchen Leute, die Unruhen anzetteln und die Machtübernahme vorbereiten.
> […] Sie brauchen Leute, die Missstände in Worte fassen, Unzufriedenheit manipulieren, Wut und Angst schüren und Zukunftsvisionen entwerfen können."

---

[63] Der Beitrag der Schüler basiert u. a. auf den folgenden Quellen:
https://www.lernhelfer.de/schuelerlexikon/geschichte/artikel/gaius-julius-caesar#
https://www.grin.com/document/308307
https://www.politische-bildung-brandenburg.de/publikation/wie-demokratien-sterben
https://www.deutschlandfunkkultur.de/harald-welzer-die-smarte-diktatur-wie-wir-uns-und-unsere-100.html
https://de.wikipedia.org/wiki/Liste_der_r%C3%B6mischen_Kaiser_der_Antike
[64] Anne Applebaum: Die Verlockung des Autoritären, München 2021, S. 24

Eine „smarte Diktatur"[65] ist nach Harald Welzer dadurch definiert, dass ein Volk zur freiwilligen Unterwerfung verführt wird, so dass es die allmählichen gesellschaftlichen Veränderungen nicht mehr hinterfragt. Um das Volk so zu manipulieren ist es wichtig, dass politische Gegner eingeschränkt oder beseitigt werden.
Dies gilt für gegenwärtige wie für antike Autokratien.
Caesar stellt für die westliche Welt den „Prototyp" eines solchen „smarten" Autokraten dar. Seine Liebenswürdigkeit, seine hohe intellektuelle Begabung, seine persönliche Liebeswürdigkeit, Fürsorglichkeit und die grenzenlos erscheinende Milde im Umgang mit unterlegenen Gegner verschleiern sein eigentliches Ziel: absolute Macht, dauerhafte Alleinherrschaft, Vergottung.

Cicero charakterisiert in seiner zweiten Philippischen Rede Caesar nach dessen Ermordung:

> „Er besaß Genie, Scharfsinn, Erinnerungsvermögen, Bildung Fürsorglichkeit, Gedankenzucht und Umsicht; er hatte kriegerische Leistungen vollbracht, die zwar verderblich für den Staat und doch bedeutend waren, hatte, viele Jahre von der Absicht, Alleinherrscher zu sein, durchdrungen,
> nach großer Mühe und großen Gefahren sein Ziel erreicht, hatte durch Spiele, Bauten, Geschenkverteilungen und öffentliche Festmähler die unwissende Menge geködert und seine Freunde durch Belohnungen, seine Feinde durch den Schein der Milde an sich gefesselt – kurz und gut, er hatte unserem freien Volk die Knechtschaft teils aus Furcht, teils durch Abstumpfung bereits zur Gewohnheit gemacht."[66]

Caesar verdankt seinen Aufstieg zum einen, wie bereits dargestellt, seinen militärischen Erfolgen in Gallien. Durch eine vollständig eigenmächtige achtjährige Expansionspolitik, die dem Auftrag als Statthalter nicht entsprach, bewies er der Öffentlichkeit in Rom militärische Führungsstärke und vergrößerte den Machtbereich Roms beträchtlich. Als aber der Senat nicht länger bereit war, Caesars Eigenmächtigkeiten hinzunehmen und ihm das zweite

---

[65] Harald Welzer: Die smarte Diktatur. Der Angriff auf unsere Freiheit, Frankfurt a. Main 2017
[66] Das Zitat entstammt der 2. Philippischen Rede (2, 1, 16), Übersetzung Manfred Fuhrmann, in: ders.: Cicero und die römische Republik, 1997, S. 235f.

Konsulat verweigerte, bereitete Caesar mit dem Bürgerkrieg der *libera res publica* für immer den Untergang.

Vom Senat nach dem Tod des Pompeius zunächst zum Diktator auf Zeit ernannt, schließlich (ab 45 v. Chr.) zum Diktator auf Lebenszeit, beim römischen Volk aufgrund reichlicher Spenden, Geschenke und Spiele beliebt, blieb es Caesar noch übrig, seine ehemaligen Gegner im Bürgerkrieg zu „begnadigen". Entweder, um sie mit neuen Aufgaben unter seiner Führung zu betrauen und um sie desto sicherer an sich zu binden oder um sie auf diese Weise politisch kaltzustellen, wie im Fall von Cicero.

Nach der Begnadigung des Marcus Claudius Marcellus (vgl. 3.2) ändert Cicero seine feindselige Haltung gegenüber Caesar, beschreibt ihn als gottgleich und die Begnadigung als etwas, was höchste Anerkennung verdiene.

Caesar führte in den Jahren bis 45 v. Chr. viele positive Veränderungen zu Gunsten des Volkes aus, um die Mehrheit auf seine Seite zu bringen und seine Macht auf Dauer zu festigen. So erhöhte er die Anzahl der Senatoren, Quästoren und der Ädile, was zu veränderten Machtverhältnissen zu seinen Gunsten führen sollte, indem er Ämter nach seinen Vorstellungen besetzte. Er verlieh in größerem Umfang den bisherigen *coloni* (Einwohnern einer Provinz) römisches Bürgerrecht, sorgte mit Gesetzen gegen Wucher und Luxus für mehr soziale Gerechtigkeit, vergrößerte das Reich durch weitere Kolonien. Als ihm Marcus Antonius öffentlich die Königswürde antrug, soll er diesen in Rom verhassten Titel demonstrativ abgelehnt haben als Zeichen seiner Bescheidenheit.

Caesars gepflegtes Image als gerechter und gnädiger Herrscher, dessen Allmacht man sich ohnehin nicht entziehen konnte, verschaffte ihm einerseits viele neue Anhänger, aber auch neue und alte Feindschaften. Er provozierte durch Eigenmächtigkeiten und respektlosen Auftritt seine Gegner im Senat; er irritierte auch das ihm sonst so gewogene Volk durch seinen eigenen Götterkult (Planung zur Errichtung eines eigenen Tempels und einer Statue des Gottes „Julius", Monatsname „Juli") und die öffentliche Zurschaustellung königlicher Insignien, ebenso wie durch die

öffentlich gelebte Beziehung zu seiner Geliebten, der ägyptischen
Königin Kleopatra VII, mit der er einen Sohn hatte.
Als sich Caesars „smarte Diktatur" in eine neue Monarchie zu
verwandeln drohte, fiel der Diktator, nicht aber die Tyrannis.

> *„Vivit tyrannis, tyrannus occidit."*[67]
> Es lebt die Tyrannei, ist auch der Tyrann tot.

Cicero, den Caesar früher schätzte, dem er keine Gewalt antat, den
er aber auch niemals „umdrehen" konnte, hielt „Tyrannenmord"
für einen ethisch und juristisch zu rechtfertigenden Akt der
Befreiung. So blieben zunächst auch die Caesar-Mörder nicht nur
straffrei, sondern wurden offen als *liberatores*, als Befreier des
Vaterlandes und Retter der Republik, gefeiert. Brutus soll nach dem
Mord Ciceros Namen laut ausgerufen haben als Zeichen für die
wieder gewonnene Freiheit, aber gerade diese war nun erneut in
Gefahr. Mit Marcus Antonius, mit Octavian und weiteren Caesar-
Anhängern kippte schon am Tag der Beisetzung Caesars die
Stimmung in Rom. Die Caesarmörder und ihre Sympathisanten –
darunter auch Cicero – verließen Rom. Einer neuer Bürgerkrieg
folgte, dessen Ende mit dem Principat des designierten Kaisers
Augustus Caesars Zukunftspläne fortsetzen sollte.

In seinem Alterswerk *De officiis* reflektiert Cicero am Beispiel
Caesars den Verlust von Frieden, Freiheit und vor allem der
Gerechtigkeit durch beispielose Ruhm- und Machtgier eines noch
so genialen und „smarten" Autokraten:

> „Sehr viele werden vor allem dadurch verleitet, die
> Gerechtigkeit außer acht zu lassen, daß sie der Gier nach
> Herrschaft, Ehre und Ruhm verfallen. (...) Gezeigt hat das
> unlängst die Hemmungslosigkeit Gaius Caesars, der alles
> göttliche und menschliche Recht über den Haufen geworfen
> hat: wegen der Vorangstellung, auf die er sich in seinem
> Wahne festgelegt hatte. Bei dieser Erscheinung ist es eine
> Erschwernis, dass gerade die größten Geister und die
> glänzensten Begabungen der Begierde nach Ehre, Herrschaft,

---

[67] Att. 14, 9,2

Macht und Ruhm ausgesetzt sind."[68]

Auch für den Umgang mit gegenwärtigen „smarten Diktaturen"
oder nicht-demokratischen Systemen gilt, was Cicero über die
Diktatur Caesars schreibt. Anne Applebaum fasst die
unterschiedlichen demagogischen Strömungen und ihrer
intellektuellen Vertreter innerhalb und außerhalb Europas mit
einem Wort zusammen:

> „Manche genießen das Chaos und wollen es herbeiführen, um
> der Gesellschaft eine neue Ordnung aufzuzwingen. Sie alle
> versuchen ihre Nationen umzudefinieren, Sozialverträge
> umzuschreiben und manchmal auch die demokratischen
> Regeln zu ändern, so dass sie nie die Macht verlieren.
> Alexander Hamilton[69] warnte vor ihnen, Cicero bekämpfte
> sie."[70]

---

[68] De off. 1, 26 a. a. O.
[69] Alexander Hamilton (1755-1804), amerikanischer Staatstheoretiker, einer der Gründerväter der
Vereinigten Staaten
[70] Anne Applebaum: Die Verlockung des Autoritären, München 2022, S. 28

4   **Erasmus von Rotterdam: *Querela pacis* (1517) –**
das erste pazifistische Manifest in lateinischer Sprache

4.1   **Textquelle Q 6:**
Erasmus von Rotterdam: *Querela pacis* (1517)[71]

Tot argumentis natura docuit pacem concordiamque,
tot illecebris ad eam invitat, tot laqueis trahit,
tot rebus compellit.
Et post haec quaenam ista tam ad nocendum efficax
Erinnys his omnibus disruptis, disiectis, discussis
insatiabilem pugnandi furiam insevit humanis pectoribus?
Nisi primum admirationem,
deinde sensum etiam mali adimeret assuetudo,
quis crederet humana mente praeditos istos,
qui sic iugibus dissidiis, litibus, bellis inter sese certant,
rixantur, tumultuantur?[…]Ut nihil etiam accesserit,
satis erat commune hominis vocabulum,
ut inter homines conveniret.

Mit so vielen Belegen lehrte die Natur Frieden und
Eintracht, mit so vielen Lockmitteln lädt sie dazu ein,
mit so vielen Stricken zieht sie, mit so vielen Dingen
drängt sie dazu!
Und nach alledem: Welche Erinnye, die wirksam
schaden kann, hat denn all diese Bindungen zerrissen,
zerstört und zerschlagen und eine unersättliche Furie in
die Herzen (Brust) der Menschen eingepflanzt?
Wenn nicht die Gewöhnung zuerst das Staunen über und
dann auch das Wahrnehmungsvermögen für das Böse
wegnähme, wer würde glauben, dass diese Leute mit
menschlichem Geist begabt sind, die in unaufhörlichen
Zerwürfnissen, Konflikten und Kriegen miteinander
streiten, kämpfen und Getümmel entfesseln? […]
Ohne, dass etwas dazukäme, müsste der
gemeinsame Name „Mensch" genügen,
dass es zwischen Menschen ein gutes Einvernehmen gibt.

---

[71] Erasmus von Rotterdam: Die Klage des Friedens/Querela Pacis, zweisprachige Ausgabe von Kai
Brodersen, Berlin 2000, S. 100/S. 34

4.2 Marie-Luisa Schlichting:
Erasmus von Rotterdam: *Querela pacis* (1517)
Einführung in Biografie und Werk

Vorbemerkung

Desiderius Erasmus von Rotterdam (1466/67-1536), ein niederländischer Theologe, Philosoph und Philologe, gilt als einer der
bedeutendsten Vertreter des Humanismus, der auch die Reformation in die Wege geleitet hat. Sein Interesse an Literatur, Sprache
und Kultur der griechisch-römischen Antike ist ebenso von Bedeutung wie sein Bestreben um die Erneuerung eines breit gefäch-
erten humanistischen Bildungssystems in Anlehnung an die antike
Tradition der *Artes liberales*. Desweiteren setzt sich Erasmus für eine
Erneuerung des christlichen Glaubens ein, ohne sich jedoch wie die
Reformatoren Luther und Calvin von der katholischen Kirche
förmlich zu distanzieren; vielmehr geht es ihm um eine individuelle
und persönliche Gottesbeziehung. Erasmus bemüht sich in seinen
Werken in politischer Hinsicht um die Aufrechterhaltung eines
(vernünftigen) Dialogs zu oder zwischen den Herrschenden, ganz
im Sinne der Friedensbotschaft seiner 1517 erschienenen „*Querela
pacis*" - für Freiheit, Toleranz, Gerechtigkeit, interkulturelle
Verständigung.

Biografie

Als nicht ehelicher Sohn des Priesters Rotger Gerard und der
verwitweten Arzttochter Magarethe Rogerius wurde Erasmus von
Rotterdam am 28.10.1466 bzw. 1467 in Rotterdam geboren.
Erasmus besuchte von 1473 bis 1478 die Kirchspielschule, mit der er
jedoch keine guten Erinnerungen verband. Parallel dazu unter-
richtete ihn der Gesangsmeister und Komponist Jacob Obrecht in
Musik. Von 1478 bis 1485 war Erasmus Schüler der Lateinschule in
Deventer, an der er Rudolf Agricola[72] kennenlernte, den er persönlich sehr verehrte. So teilen die beiden ein gemeinsames Interesse

---

[72] Rudolf Agricola: niederländischer Literat des Frühhumanismus, Gelehrter und Lehrer, der Erasmus
stark beeinflusste.

an der Literatur der klassischen Antike und vertreten besonders
den Humanismus. Ohne Schulabschluss, jedoch mit ausgezeich-
neten Lateinkenntnissen, verlässt er 1485 die Schule in Deventer.
Nach dem Tod seiner Eltern geht Erasmus unter der Vormund-
schaft seines Onkels ins Kloster Gouda und erhält dort 1492 die
Priesterweihe. Dann widmet er sich in Paris seinem Theologie-
studium, genauer gesagt der Scholastik, welche ihm aber zu fern
von den christlichen Schriften erscheint. In Paris begegnet er
einigen zu dieser Zeit wichtigen und prägenden Humanisten, er
nimmt Kontakt zu Thomas Morus und dem Kreis um den jungen
Heinrich VIII. auf, verdient sich seinen Unterhalt als Erzieher und
Reisebegleiter. Von 1500 bis 1506 hält er sich abwechselnd in den
Niederlanden, in Paris und in England auf. Einen Ruf an die Universität Löwen im Jahre 1502 lehnt er ab, da er sich vorübergehend
intensiv auf die Übersetzung griechischer Texte konzentriert.
1506 geht er als Reisebegleiter des Leibarztes von Heinrich VIII. zur
Promotion nach Turin[73] und ändert seinen Namen in Desiderius
Erasmus. Sein bekanntes Werk „Lob der Torheit" verfasst er 1509 in
England. In diesem Werk thematisiert er den unangebrachten Ernst,
welchen die Menschen bei der Verfolgung ihrer Ziele aufbringen
und wie unbedacht diese ihre Mitmenschen einstufen. Als er in
Cambridge Altgriechisch lehrt, entdeckt er die Fehler der lateinischen Bibelübersetzung, woraufhin er diese neu übersetzt. Somit
entwickelt er eine neue, zweisprachige und kommentierte Version
des Neuen Testaments auf Griechisch und Lateinisch, die später für
die Reformation relevant wird und begibt sich daraufhin in das
heutige Belgien. Obwohl er sich für die Freiheit der Meinungen
einsetzt, findet die Lutherische Reformation bei ihm keinen
Anklang. Erasmus bleibt ein Verfechter des Katholizismus und
fühlt sich durch Martin Luther, welcher die damalige Reformation
veranlasst, provoziert. Trotzdem greift er ihn nicht direkt an.
Weiterhin übt er Kritik an den kirchlichen Missständen. Sein
Versuch, der Reformation den Rücken zu kehren scheitert, als er
schließlich 1521 nach Basel zurückkehrt. Auch auf eine Antwort der
Frage Martin Luthers „Wie bekomme ich einen gnädigen Gott?"
findet Erasmus mit jenem keine klare Einigung. Selbst vor der
Gesamtheit der Leitungs- und Verwaltungsorgane der römisch-

---

[73] Die Promotion war nicht ehelichen Kindern in Frankreich nicht gestattet.

katholischen Kirche muss Erasmus seine kontroverse Meinung stets rechtfertigen. Nach einem Aufenthalt in Breisgau von 1529 bis 1535 zieht es ihn wieder nach Basel, wo er am 12.07.1536 auch verstirbt. Bis zum Ende seines Lebens verfasst er schätzungsweise 3000 Briefe und 150 Bücher. Genau sind diese Zahlen jedoch nicht festlegbar, da einige Werke verloren gegangen oder anonym veröffentlicht worden sind.

„Querela pacis" (1517) – Einführung in das Werk

Ein bedeutsames Werk des Humanisten und Theologen Erasmus von Rotterdam ist „Die Klage des Friedens", veröffentlicht unter dem lateinischen Originaltitel *„Querela pacis"*, welches 1517 zuerst publiziert worden ist. In dem Werk thematisiert Erasmus den Krieg und den Frieden in Form des Pazifismus. Dabei wird der Pazifismus als eine Weltanschauung beschrieben, in welcher der Krieg vollends abgelehnt wird. Jegliche Formen der gewaltsamen oder militärischen Auseinandersetzung erfahren keinerlei Duldung. Zwischen den Menschen soll so gänzlich Frieden herrschen. Den Inhalt des Werkes füllt die Rede der Friedensgöttin Pax, welche von der Suche des ewigen Friedens angetrieben wird. Jedoch kann sie nirgends sesshaft werden, da sie ständig in Konfrontation mit den Konflikten der Menschheit gerät. Mit seinem Werk legt Erasmus den Widerspruch der Geistlichen und Herrscher dar, die sich zwar zum christlichen Glauben bekennen, jedoch nicht dementsprechend handelten. Denn die zwischen ihnen geführten Kriege stehen seiner Meinung nach im Widerspruch zum christlichen Glauben. Er prangert die vermeidlichen Gründe und Rechtfertigungen der Herrscher für eine Kriegsführung an und spricht sich vollends gegen den Krieg aus, welcher der wahrhaftigen Vernunft im Wege stehe.

Die Friedensgöttin Pax möchte sich unter den Menschen niederlassen, doch trifft sie dabei stets auf Ablehnung und wird vertrieben. Dadurch wird der Krieg zwischen den Menschen gefördert, welche sich in ihr eigenes Unheil stürzen. Diese Förderung des Krieges zeichnet sich somit als Unvernunft der Menschen aus. Das zentrale Problem scheint zu sein, dass die Menschen ihr eigenes Unheil nicht erkennen und daher auf lange

Sicht auch keine Aussicht auf Besserung oder gar auf vollwertigen
Frieden bestehe. Bei einem Vergleich der Menschen mit den Tieren
wird deutlich, dass die Tiere zwar nicht über die geistigen Eigen-
schaften des Menschen wie die Vernunft, den göttlichen Glauben,
Wohlwollen und Freundschaft verfügen, jedoch mehr zu
friedvollem Handeln befähigt seien als die Menschen, da diese sich
gegenseitig schützten und sich, ebenso wie die Pflanzen, zur
Fortpflanzung und Entwicklung brauchten. So tue der Mensch
genau das, wozu er nicht geschaffen worden sei – er führe Kriege
und Konflikte, statt seine Begabungen, Humanität, Freundschaft,
Liebe usw. für den Frieden einzusetzen. Völlig zerrissen sucht Pax
die Gelehrten auf, die den Menschen ihre Botschaft des Friedens
näherbringen könnten. Doch auch zwischen ihnen herrschen
Konflikte, in denen sie sich gegenseitig mit Worten statt wie zuvor
mit Waffen verletzen. Das Einzige, was die Gelehrten beisammen
hält, ist nicht etwa der Frieden, sondern lediglich die Abneigung
Fremden gegenüber. Im Folgenden kritisiert Pax die Handlungs-
weisen der Gelehrten und Geistlichen, die gegen den christlichen
Glauben seien. Dieser stehe schließlich für Frieden und die Essenz
der Nächstenliebe – auch zum Feind. Man solle sich an Christus
orientieren, welcher eine Art Idealbild des Menschen wider-
spiegelte. Denn in ihrem Krieg bleibe die Menschheit gottverlassen.
Statt boshaften Taten noch bösartigere Konsequenzen folgen zu
lassen, solle friedvoll gehandelt und Versöhnung durch gute Taten
erreicht werden. Es sei falsch, dass die Christen sich trotz ihrer
gleichen Religion ständig bekämpften. Der Mensch suche jeden
kleinsten persönlichen Angriff bewusst als gerechtfertigten
Kriegsgrund. Durch den Krieg versuche er, sein Machtgefühl und
seine Überlegenheit gegenüber anderen zu stärken. Der „gerechte
Krieg" sei also unter keinen Umständen gegeben. Stattdessen solle
sich die Menschheit den hohen positiven Ertrag des Friedens
untereinander vor Augen führen. Als Lösung daraus resultiere die
Verhinderung des Krieges. Nicht rechtens sei laut Pax, dass die
Bevölkerung unter dem Krieg leide, den der Herrscher begonnen
habe. Erleide die Nation wirtschaftliche Nachteile durch die
Entscheidung des Herrschenden, sei dies unter anderem gegeben.
Zum Frieden verhelfen würde ebenso eine feststehende Landes-
grenze, die gegen die ständige Machtgier der Herrscher wirke. Die
Herrscher werden in der Rede von Pax dazu aufgefordert, ihre

Bedürfnisse zurückzustellen und für das Volk zu handeln. Denn für die Menschen, welche mit voller Überzeugung den Krieg entfachen, ihre Mitmenschen töten, stehe die Hölle offen.

Entstehung des Werkes

Um den zahlreichen Kriegen um 1500 entgegenzuwirken war ein Friedenskongress in Europa im burgundischen Cambrai geplant. Erasmus von Rotterdam wird so von dem 17jährigen Herzog von Burgund, dem späteren Kaiser Karl V., beauftragt, eine Rede zum Frieden zu halten. Seine Vorstellung vom Frieden in Europa verkörpert Erasmus mit seinem Werk „*Querela pacis*", welches er höchstwahrscheinlich im Frühjahr 1517 fertig gestellt hat. Doch zu dem Friedenskongress in Cambrai kommt es nie. Statt zusammen mit dem Werk „*Utopia*" von Thomas Morus wird sein Werk „*Querela pacis*" gesondert im Jahr 1517 in zwei lateinischen Versionen publiziert. In Augsburg und Zürich werden 1521 erstmalig deutsche Übersetzungen gedruckt, nachdem ein Jahr zuvor eine spanische Version in Sevilla herausgegeben worden ist. Erasmus pazifistisches Weltbild findet bei der Kirche und den Herrschern der Nationen keinen Anklang, obwohl diese in seinem Werk die meiste Kritik erfahren.

Zeitgeschichtliche, werkgeschichtliche, theologische Bezüge

Mit Zeitgenossen wie Albrecht Dürer, Michelangelo, oder Leonardo da Vinci lebte Erasmus zur Zeit der Renaissance, der Reformation und des Humanismus. Die Menschen empfanden besondere Hingabe zu der Antike und den Idealen innerhalb der Philosophie und der Kunst. Geprägt wurde diese Zeit besonders durch den Humanismus. Freiheit, Gleichheit und Brüderlichkeit zählten zu den wichtigsten Wertvorstellungen. So wurde der Mensch als Individuum wahrgenommen, dessen Talente und Fähigkeiten über den gesellschaftlichen Rang entscheiden sollen. Die bisherige Vorrangstellung des Adels erfuhr damit teilweise eine Ablehnung. Durch das freie und eigenständige Handeln konnte jeder seinen Interessen nachgehen. Auch das vernunftgemäße Handeln spielte ebenso wie die Tugend und Moral eine wichtige Rolle. Ferner zeichnete sich der Humanismus als Bildungsbewegung aus.

Besonders lässt sich das Werk „*Querela pacis*" mit den Aspekten der Vernunft, des Friedens und der gebildeten Gesellschaft, in der jeder Mensch als volles Individuum betrachtet wird, verbinden. Das Werk „*Querela pacis*" spielt auf die Kriege an, die zu dieser Zeit geführt wurden. Beispielsweise wird Frankreich durch die Niederlage Englands im Hundertjährigen Krieg im Jahre 1453 zur Großmacht. Im gleichen Jahr löst sich das Byzantinische Reich durch einen verlorenen Krieg gegen die Osmanen auf. 1492 gibt es seitens der europäischen Großmächte Konflikte über die Vorherrschaft in Italien. Die Reformation und die damit einher-gehende Spaltung des Christentums in katholische und protes-tantische Staaten entfachte weitere Kriege. Des Weiteren machte der König von Spanien um 1519 keinen Halt vor Kriegen, um seine eigene Macht zu festigen. Im Jahr 1527 hatte die einmonatige Plünderung Roms und die damit einhergehende Verteidigung des Papstes weitere Tausende von Toten und die Zerstörung vieler Kunstwerke zur Folge.

Theologische Bezüge

Erasmus von Rotterdam klagt in seinem Werk die Handlungs-weisen der Gelehrten an, die sich zu seiner Zeit gegenseitig bekriegen. Er ruft dazu auf, sich ein Beispiel an Christus zu nehmen und sich so wie er zu verhalten. Denn die damaligen Gelehrten verstoßen nach seiner Ansicht durch ihre Kriegsführung gegen den christlichen Glauben. Dieser sei auf Frieden ausgerichtet, sodass sich Christen aufgrund ihres gemeinsamen Glaubens nicht bekriegen dürften. Zwar ist Erasmus kein Reformator, fordert jedoch durch sein Werk zum friedlichen Handeln auf. Der christliche Glaube wird in seinem Werk mit der Vernunft vereint, die zum Frieden verhilft. Dazu appelliert er an das Gewissen der Gelehrten, indem er bewusst auf die Hölle anspielt, in der sich die Verfechter des Krieges wiederfinden würden, wenn sie sich nicht für den Frieden einsetzten.

Fazit

Erasmus von Rotterdam erweist sich zur heutigen Zeit noch immer als wichtige Persönlichkeit. In der heutigen Zeit ist das Thema

„Krieg" noch immer aktuell. Immer mehr Menschen verlieren ihren Glauben an Gott. Mit der Hingabe zur Machtgier entsteht weiterhin kein Frieden. Obwohl es schon damals laut Erasmus der christlichen Botschaft widersprochen habe, wird bis heute immer wieder unterschiedliche Religionszugehörigkeit als Grund für Kriege angeführt. Die Toleranz, auf welche Erasmus im Glauben an Gott abzielt, scheint völlig vergessen. Mit dem verschwindenden Glauben an Gott gibt es für die Menschen weniger Halt in schlechten Zeiten. So klammert sich der Mensch im Kriege in der Hoffnung auf Besserung beispielsweise an Familie, Liebe oder Freundschaft. Oder es besteht die allgemeine Hoffnung, den Krieg – vom eigenen Regenten ausgehend und angeführt - für sein Land zu gewinnen. Doch folgt man den Thesen von Erasmus, wird es diesen erhofften Gewinner eines Krieges niemals geben. Denn die verlorenen verstorbenen Menschen kämen nie wieder zum Leben zurück. Mit Erasmus besteht schon 1517 der Gedanke und der von Kant weiter geführte Ansatz, einen ewigen Frieden zu schaffen.

Es stellt sich also die Frage, weshalb der Mensch nach all den Jahren, in denen zahlreiche Kriege geführt, zahlreiche Menschen verstorben sind und Millionen von Menschen gelitten haben, heute noch bereit ist, weiterhin Kriege zu führen. Die Machtgier, der falsche Stolz einer einzelnen Person scheinen – wie bei Caesar – über dem Wohl aller anderen Menschen zu stehen. Übertragen auf die heutige Zeit handelt der Mensch nach Erasmus somit weder tugendhaft noch moralisch oder gar vernünftig.
Zusammenfassend lässt sich feststellen, dass Erasmus' Thesen für Gegenwart und Zukunft bedeutender denn je sind und einen wichtigen Grundsatz zur Orientierung am Frieden darstellen.
Die Frage nach dem gerechten Krieg erfährt im Kant-Jahr 2024 die gleiche Antwort, die Erasmus bereits in der *„Querela pacis"* vorwegnimmt:

Einen gerechten Krieg kann und wird es niemals geben.

5 Finja Sophie Kaminski/Melanie Koop:
Ideokratie – Akratie - Demokratie

Vortrag von Dr. Fritz U. Krause
zum 8. Mai 2023

Am 11. Mai 2023 besuchte anlässlich des 78. Gedenktages zum Ende
des Zweiten Weltkrieges[74] Dr. Fritz Udo Krause, Theaterregisseur
und Autor aus Leopoldshöhe, unseren Lateinkurs als Zeitzeuge.

Durch das Jahresprojekt *„Si vis pacem, para pacem"* und den damit
verbundenen Umgang mit der Frage „Was ist ein gerechter
Krieg?" war für uns auch im Fach Latein die Thematisierung des
Zweiten Weltkrieges unverzichtbar. Anzumerken ist, dass es sich
bei dem Zweiten Weltkrieg keinesfalls um einen – nach antiken
Maßstäben – gerechten Krieg (*bellum iustum*) gehandelt hat. Für
unseren Kurs stellte sich deshalb die Frage, wie die Menschen
damals mit der Kriegssituation umgegangen sind und wie es
gewesen sein muss, in einer totalitären Staatsform aufzuwachsen.

Dr. Krause[75] (in Berlin/Pankow 1938 geboren) war es ein Anliegen,
uns davon zu berichten. Als Co-Autor, Freund und ehem. Lehrer
von Frau Kwapich erklärte er sich spontan bereit, mit unserem Kurs
über sein Leben, aber auch generell über Staatsformen, Demokratie
und Friedensarbeit zu sprechen.

Am 11. Mai 2023 versammelte sich unser Lateinkurs (mehr oder
minder pünktlich) um 10 Uhr in der alten Aula unserer Schule.

---

[74] Der 08. Mai gilt in vielen Ländern als Gedenktag des Endes des Zweiten Weltkriegs. An diesem Tag
kapitulierte vor nun rund 80 Jahren die deutsche Wehrmacht und die nationalsozialistische Regierung.
In dieser Maiwoche gedenken wir jährlich – egal ob am 07. Mai, wie die Amerikaner, am 08. Mai wie
in Deutschland oder am 09. Mai, wie die Russen – einerseits des Endes der nationalsozialistischen
Herrschaft in Deutschland, andererseits des Weges dorthin, geprägt durch mehr als 60 Millionen
Opfer. (Finja S. Kaminski)

[75] Dr. phil. Fritz U. Krause (1938-2024) studierte in Bonn und Köln Germanistik, Philosophie,
Kunstgeschichte und Sport; er lehrte neben seiner Tätigkeit an Bielefelder Gymnasien 20 Jahre lang
systematische Linguistik an der Universität Münster und war engagiert als Bühnenautor und Regisseur
eines von ihm begründeten Privattheaters für lyrisch-politische Zeitstücke auf Gut Niederbarkhausen.

Einige von uns begegneten Dr. Krause bereits, als die Tür zur Aula noch verschlossen war. Dabei erzielte die sarkastische Bemerkung seinerseits, ob wir jungen Menschen denn überhaupt noch Lust hätten, jemandem in seinem Alter zuzuhören, direkt Sympathiepunkte. Frau Kwapich begrüßte einleitend den Gast und stellte in Kürze unserer Jahresprojekt „*Si vis pacem, para pacem*" vor.
Dr. Krause erhielt nun das Wort und stellte heraus, für wie wichtig und richtig er es halte, dass wir Schülerinnen und Schüler uns mit Themen wie der Erhaltung von Frieden und den Wegen zum Frieden nicht nur rezeptiv auseinandersetzen.

Bevor Dr. Krause nun begann, persönliche Erinnerungen vom Kriegsende im Mai 1945 und von der russischen Besetzung in Berlin Pankow (SBZ) zu erzählen, erläuterte er als gedanklichen Rahmen des Vortrags drei markante Begriffe an der Whiteboard:
Ideokratie – Akratie – Demokratie.

Ideokratie[76] (abgeleitet aus altgriechisch *idéa* – Idee, *kratia* – Macht, Herrschaft) bezeichnet die autokratische Führung eines Staates nach bestimmten einheitlichen Ideologien. Diese Ideologien sind dabei Element der politischen Entscheidungen und werden auf Dauer zu einem tief verwurzelten Teil der Gesellschaft. Die Ideologien und ihr Ausgangspunkt erhalten dabei eine ähnliche Bedeutung wie Götter in Glaubenssystemen. Dabei unterscheidet man zwischen *totalitären* und *populistischen Ideokratien*. Bei *totalitären* sind die Bürger gezwungen, der Ideologie zu folgen (z. B. im NS-Staat, in der DDR), bei *populistischen* (in gegenwärtigen Autokratien wie in Amerika unter der Regierung von Trump, in Russland unter der Herrschaft von Putin etc.) folgen sie diesen freiwillig.
Bürger, die die Ideologien nicht vertreten, werden häufig als Verräter angesehen. Die Folge dieser Systeme sind meist Hass und Gewalt gegenüber der Zugehörigkeit von Individuen zu einer Nation, Rasse, sozialer Klasse oder Kultur.
Die eigenen Schuldgefühle werden dabei auf Menschengruppen projiziert, die als Sündenbock fungieren. In Hitlers Diktatur stand beispielsweise das Ziel, die Juden auszurotten, an erster Stelle.

---

[76]Der Begriff „Ideokratie" darf nicht verwechselt werden mit dem sehr ähnlich klingenden Begriff der Idiokratie („Herrschaft der Dummen", abgeleitet von „idios" – eigen, „kratein" – herrschen).

Die Entwicklung von *Ideokratien* könne zu drei Ereignissen führen: Erstens zum Heranwachsen einer Generation, die weniger an die Ideologie gebunden ist. Technischer Fortschritt und Kunst würden dabei das einstige Vertrauen untergraben. Die Nazis verhinderten dieses jedoch durch ihr sehr frühes Eingreifen in die Erziehung der Kinder. Zweitens könne es zur Veränderung oder Anpassung der politischen Ideologien kommen. In manchen Fällen entstünden sogar komplett neue Ideale. Die letzte Möglichkeit sei die Zerstörung oder auch Selbstzerstörung. Volksrebellionen, wirtschaftliche Probleme oder auch das kriegerische Eingreifen anderer Staaten haben zum Ende *ideokratischer* Staaten geführt. Es gibt in der Geschichte diverse Beispiele für *Ideokratien,* zu denen auch Nazideutschland und die DDR zählen.

Um die unterschiedlichen Regierungsformen klar zu verdeutlichen, erklärte Dr. Krause nun den gegensätzlichen Begriff der *Akratie.* Das Wort *A-kratie* (aus altgriech. *„Kratía"* - Macht, Herrschaft und dem negierenden Präfix „*a*" - „un"-, „nicht" zusammengesetzt) bezeichnet nach Franz Oppenheimer die „politische Aufhebung der Klassengesellschaft". Da die Herrschaft nie etwas anderes gewesen sei als „die rechtliche Form einer wirtschaftlichen Ausbeutung", basiere die *Akratie* auf dem „Ideal einer von jeder wirtschaftlichen Ausbeutung erlösten Gesellschaft" (F. U. Krause). Die unmittelbare Zeit nach dem Zusammenbruch einer ideokratischen Herrschaft könnte als „*Akratie*" bezeichnet werden, auch als eine Anarchie.

Dr. Krause erläuterte nun den Kontrast zwischen der bei uns in Deutschland heute gültigen Form der *Demokratie* und der damals herrschenden *Ideokratie.* Das Wort *Demokratie* stammt ebenfalls aus dem Griechischen und bedeutet „Volksherrschaft" (altgriechisch *„demos"* – Volk, *„Kratía"* - Macht, Herrschaft).
In einer *Demokratie* ist das Volk der staatliche Souverän (die oberste Staatsgewalt) und die politischen Entscheidungen werden durch den Mehrheitswillen der Bevölkerung (mittels Wahlen) gefällt. Die staatliche Gewalt ist in mehrere Gewalten aufgeteilt: Die legislative (gesetzgebende), die exekutive (vollziehende) und die judikative (Recht sprechende) Gewalt sollen sich gegenseitig kontrollieren und staatliche Macht begrenzen. Gewaltenteilung soll Machtmissbrauch durch Alleinherrschaft oder Oligarchie verhindern. Die Staatsform

der Demokratie sei nur erfolgreich, wenn das Volk und auch die nachkommenden Generationen sie aktiv beeinflussten. Diese drei Begriffe begleiteten uns durch den Vortrag.

Als zum Ende des Vortrags wir Schülerinnen und Schüler die Chance bekamen, Fragen an Dr. Krause zu richten, stellte u. a. Marie die Frage, wie es denn gewesen sei, mit der Ideologie des Nationalsozialismus und Hitler als Vorbildfigur aufzuwachsen.

Nein, Hitler habe er persönlich nicht kennengelernt. Dazu sei er noch zu klein gewesen, auch wenn eine Kindheit im Krieg tiefe Spuren hinterlasse. Aber er erinnere sich noch ganz deutlich an das Kriegsende, das er als Sechsjähriger in Berlin/Pankow miterlebt habe: Dem Bombardement der Amerikaner und dem Einzug der Roten Armee folgte eine unheimliche Stille. Es war Anfang Mai, die Mutter stand am Fenster, er lag auf dem Sofa:
Der Krieg ist aus.

Niemand wagte zu sprechen.
Niemand ging auf die Straße.
Erst allmählich trauten sich die Menschen
wieder aus ihren Häusern.
Kein Jubel, nur Stille.

Dann die Einquartierung. Die russische Armee hatte den Ostteil Berlins besetzt: alltäglicher Umgang mit Fremden in den eigenen vier Wänden, Mangelverwaltung, Hunger, Normalisierung von Gewalt. Das ging auch an den Kindern nicht spurlos vorbei.
Er selbst wurde mit seiner Mutter durch einen russischen Offizier nur knapp davor bewahrt, von Soldaten auf der Straße vor ihrem Haus erschossen zu werden. Im Nachbarhaus, in dessen Keller die Kinder stiegen, um Zigaretten und Lebensmittel zu hamstern, hatte bis zur Kapitulation der Nazis die SS ihre Zentrale, jetzt zog die Stasi dort ein.

Systemwechsel – Ideokratiewechsel.

Dr. Krause, der das Alltagsleben in der neu eingerichteten SBZ auch teilweise humorvoll schilderte, bemerkte zum Schluss, dass sich die erhoffte herrschaftsfreie Form der *Akratie* jedoch nicht habe einstellen wollen. Durch maßstabsgerechte Umerziehung der deutschen Bevölkerung, durch militärische und administrative Überwachungsstrukturen der zukünftigen DDR sei die Ungleichheit innerhalb des neuen Staates von Anfang an unverkennbar gewesen. Der Stadtbezirk Pankow galt als Paradebeispiel der neuentstehenden kommunistischen Nomenklatur. Zu bemerken ist an dieser Stelle, dass in Berlin/Pankow Anfang und Ende der DDR vollzogen worden sind.

Im Mittelpunkt des Vortrags stand immer wieder der Appell an uns Schülerinnen und Schüler, die Gesellschaft aktiv mitzugestalten, ohne sich durch Ideologien beeinflussen und lenken zu lassen. Leo stellte abschließend die Frage, was Dr. Krause von dem immer weiter wachsenden technischen Fortschritt – speziell der digitalen Medien - halte. Dr. Krause entgegnete, dass er ihn prinzipiell als etwas Gutes sehe. So enthielten digitale, auch soziale Medien und allgemein technischer Fortschritt, abgesehen von den bekannten Risiken auch die Chance, dass wir unsere Gesellschaft in direkterer Form mitgestalten könnten. Selbst die weitere Entwicklung von Software wie ChatGPT beobachte er interessiert und ermutigte uns noch ein letztes Mal, unsere Zukunft selbst in die Hand zu nehmen.

Friedensarbeit sei keine Selbstverständlichkeit!

An dieser Stelle danken wir im Namen des Kurses noch einmal Dr. Krause ganz herzlich für seine Offenheit und Bereitschaft, sich unseren Fragen zu stellen. Als Abschluss des Jahresprojekts war es eine echte Bereicherung, ihm zuzuhören. Sein Vortrag verdeutlichte anschaulich den staatstheoretischen Diskurs Ciceros und die unveränderte Bedeutsamkeit unseres Themenheftes:

„Si vis pacem, para pacem" …

Ausblick und Dank

An dem Wochenende, an dem die Arbeit an unserem schulischen
Erinnerungsheft (Themenheft Latinum MMXXIII) im Juni 2024
beendet worden war, fand in der Schweiz die bisher größte
Friedenskonferenz für die Ukraine mit Staats- und Regierungschefs
aus 92 Ländern statt. Dass die in diesen Tagen erneut aufge-
nommenen Friedensverhandlungen im Sinne der *Querela pacis*
endlich erfolgreich Frieden bringen mögen, bleibt unsere Hoffnung.

„Frieden" ist ein schweres Wort, das hat unser Projekt gezeigt.
Wenn die Römer von „Frieden" gesprochen haben, haben sie damit
oft *dedicatio*, Kapitulation, vollständige Unterwerfung und
Selbstaufgabe eines „besiegten" oder „befriedeten" Gegners
gemeint. Diese auch heute noch übliche Vorstellung von einem
„Sieg-Frieden", die einem autokratischen Alleinherrscher wie
Caesar ebenso wie seinen modernen Nachfolgern vorschweben
mag, entbehrt nach Cicero der wichtigsten Prämisse für ein Leben
in Frieden, Freiheit und Gleichheit aller Menschen: Gerechtigkeit.

Frieden – Freiheit – Gerechtigkeit:

Ich bedanke mich bei unserer Schule, die uns Raum gegeben hat,
über Routine und alltäglichen Prüfungsdruck hinaus, fachbezogen
und fächerübergreifend an einem so wichtigen Thema wie dem
Frieden ein ganzes Jahr lang vom Fach Latein aus zu arbeiten.

Meinen heute ehemaligen Schülerinnen und Schülern des
Lateinkurses Jg. 12 (Latinum 2023) der FFG Leopoldshöhe, die
dieses Themenheft mit viel Engagement und Ausdauer erstellt
und gestaltet haben, danke ich für ein wirklich interessantes
Jahresprojekt, das unsere Schule als Begegnungs- und Arbeitsstätte
auch über den schulischen Rahmen hinaus attraktiv und lebendig
erscheinen lässt.

Ganz besonders herzlicher Dank geht an meine beiden
„Schutzengel" Finja Sophie Kaminki und Yannick Schutzmeier,
ohne deren unermüdliche Hilfe bei Layout, Lektorat und Redaktion

weder das Erinnerungsheft zum Abitur 2024 noch das Themenheft Latein 1/2024 veröffentlicht worden wären.

Frieden erwartet Lebenstüchtigkeit.

Ich wünsche euch allen, die ihr auf so verschiedenen Wegen unsere Schule im Sommer verlassen habt, dass ihr in friedlichen Zeiten eure Lebenstüchtigkeit erproben könnt, ohne jemals wieder kriegstauglich werden zu müssen.

An diesem Jahresprojekt Latein haben die folgenden Schülerinnen und Schüler des Jahrgangs 12 der FFG Leopoldshöhe teilgenommen:

Viviane Ens
Charlotte Gäbel
Merle-Sophie Hoff
Finja Sophie Kaminski
Melanie Koop
Cassandra Rempel
Marie-Luisa Schlichting
Kim Sina Schönefeldt
Laura Weber
Jonah Arlitt
Max Erasmus Domdrowski
Tim Fuhrmann
Nick Hofman
Max Lorenz
Lasse Meisler
Tilo Nettelstroth
Mika Nieminem
Enes Özerdem
Philipp Oks
Leo Piron
Ludwig Ruppert
Leon Saalmüller
Yannick Schutzmeier
Fabian Unruh
Gero Wittner

LITERATUR IN AUSWAHL:

I.   Text-, Schulausgaben, Kommentare

Caesar: Bellum Gallicum. Der Typus des Machtmenschen, Antike und Gegenwart,
    3. Aufl., Bamberg 2011

Caesar: Bellum Gallicum, vollständiger Text, Paderborn 1977

Caius Iulius Caesar: De bello civili, lat.-dt., hrsg. v. J. Fündling et al., Stuttgart 2014

Caius Iulius Caesar: Der Gallische Krieg, De bello Gallico, lat.-dt., hrsg., erläutert u.
    übers. von O. Schönberger, 4. Aufl., Berlin 2013

Eutropius: Breviarium ab urbe condita, liber VI, in: Latein Lektüre Pri(s)ma,
    Bamberg 1995

Gaius Iulius Caesar: Der gallische Krieg - Bellum Gallicum, lat.-dt., hrsg. v. G.
    Dorminger, 4. Aufl., Darmstadt 1977

Gerold Walser: Bellum Helveticum, Studium zum Beginn der caesarischen
    Eroberung von Gallien, Stuttgart 1998

Latein-Lektüre aktiv: Cicero, Reden, 2. Aufl., Wien 2000

Marcus Tullius Cicero: De officiis, Vom pflichtgemäßen Handeln, lat.-dt., übers.,
    komm. u. hrsg. v. H. Gunermann, Stuttgart 1976

Marcus Tullius Cicero: De re publica, Text mit Wort- und Sacherläuterungen,
    Arbeitskommentar mit Zweittexten, bearb. v. H. Gunermann, Stuttgart 1990

Marcus Tullius Cicero: De re publica, Vom Gemeinwesen, lat.-dt., übers. u. hrsg. v.
    K. Büchner, Stuttgart 1979

Sammlung Ratio: Lebens(t)raum Staat, Politisch denken lernen mit Cicero, bearb. v.
    Christian Zitzl, Bamberg 2011

Transfer: Mensch Cicero, Aufstieg und Fall eines großen Redners, 3. Aufl. Bamberg
    2014

II.   Sekundärliteratur

Albert, S.: Bellum iustum. Die Theorie des „gerechten Krieges" und ihre praktische
    Bedeutung für die auswärtigen Auseinandersetzungen Roms in
    republikanischer Zeit, Kallmünz über Regensburg, 1980

Applebaum, A.: Die Verlockung des Autoritären, München 2022

Bleicken, J.: Die Verfassung der Römischen Republik. Grundlagen und Entwicklung;
    7. völlig überarbeitete u. erw. Aufl., Paderborn 1995

Von Borries, A.: Rebell wider den Krieg, Bertrand Russel 1914-1918, Nettersheim 2006

Erasmus von Rotterdam: Querela Pacis/ Die Klage des Friedens, lt.-dt., hrsg. u. übers.
    von K. Brodersen, Wiesbaden 2018

Fuhrmann, M.: Cicero und die römische Republik; 4. Aufl., Düsseldorf/Zürich 1997

Glucksmann, A.: Krieg um den Frieden, Berlin 1998:

Henrich, D.: Ethik zum nuklearen Frieden, Frankfurt a. Main 1990

Jehne, M.: Der große Trend, der kleine Sachzwang und das handelnde Individuum.
    Caesars Entscheidungen, München 2009

Kant, I.: Zum ewigen Frieden. Ein philosophischer Entwurf; hrsg. v. M. Buhr und S. Dietzsch, Stuttgart 1984

Kant, I.: Zum ewigen Frieden, hrsg. v. O. Höffe, 3. bearb. Aufl., Berlin 2011

Köhler, M./Hössl, D. (Hg.): Si vis pacem, para pacem. Friede durch internationale Organisation als Option für das 21. Jahrhundert, Frankfurt a. Main 2007

König, I.: Der römische Staat I, die Republik, Stuttgart 1992

Krause, F. U.: Manifest stetiger Einbürgerung, Norderstedt 2021

Krause, F. U./Kwapich, K.V.: Smarte Rekrutierung; Theater Niederbarkhausen 2019

Latour, B.: Krieg der Welten – Wie wäre es mit Frieden?, Berlin 2003

Mantovani, M.: Bellum iustum. Die Idee des gerechten Krieges in der römischen Kaiserzeit, Bern 1990

Murrel, J.: Cicero and the Roman Republic, Greece & Rome: Text and contexts, Cambridge university press, 2008

Noble, J.: Arbitration and a congress of nations as a substitute for war in the settlement of international disputes, London 1862

Rotkopf M./Durkheim E.: „Deutschland über alles"- Die deutsche Mentalität und der Krieg, Berlin 2022

Senghaas, D.: Den Frieden denken. Si vis pacem, para pacem. Frankfurt/M. 1995

Wassmann, H.: Ciceros Widerstand gegen Caesars Tyrannis, Bonn 1996

Wesch-Klein, G.: Die Provinzen des Imperium Romanum, Darmstadt 2016

III. Beiträge in Sammelbänden
Etymologisches Wörterbuch der lateinischen Sprache, hrsg. v. A. Vanicek, 1981
Lateinisches etymologisches Wörterbuch, hrsg. v. A. Walde und J. B. Hofmann; 6. Aufl., Heidelberg 2008
Welt-Sichten, Magazin für globale Entwicklung und ökumenische Zusammenarbeit, 1/2024

IV. Online-Quellen
Internetseiten
Dibb Biographien, Erasmus von Rotterdam,
http://dibb.de/erasmus-von-rotterdam-humanismus.php#
GetAbstract.com, Erasmus von Rotterdam Die Klage des Friedens,
https://www.getabstract.com/de/zusammenfassung/die-klage-des-friedens/6026
Lernhelfer Schülerlexikon, Erasmus von Rotterdam,
https://www.lernhelfer.de/schuelerlexikon/geschichte/artikel/erasmus-von-rotterdam#
Who is Who the People Lexicon, Erasmus von Rotterdam,
https://whoswho.de/bio/erasmus-desiderius.html#
Wikipedia.org, Fetialen
https://de.wikipedia.org/wiki/Fetialen

Zdf.de, Pistorius: Wir müssen kriegstüchtig werden,
https://www.zdf.de/politik/berlin-direkt/pistorius-wir-muessen-
kriegstuechtig-werden-berlin-direkt

Online-Artikel

Leng, E.: Caesars Krieg gegen die Helvetier
https://segu-geschichte.de/gerechter-krieg

Dr. Lipp, K. (08.01.2018,): Querela Pacis, Erasmus von Rotterdam und seine
Friedensschrift 1517
https://www.bdwi.de/forum/archiv/archiv/10502392.html

Meyer, B. (30.07.2018): Das Ende der Kelten
https://blog.nationalmuseum.ch/2018/07/als-caesar-die-helvetier-stoppte

Thome, G.: Römische Wertvorstellungen & der Begriff „pax"
https://www.google.de/url?sa=t&source=web&rct=j&opi=89978449&url=htt
p://userpage.fuberlin.de/~klassphi/forsch/L_PAX.htm&ved=2ahUKEwiNx
qLWsaOFAxVVgf0HHctiBv8QFnoECBQQAQ&usg=AOvVaw3rEDsCuOOaFc
VOlPNuE340